数字时代公共人力资源管理理论与实践

古丽娜·朱马汗 著

延边大学出版社

图书在版编目（CIP）数据

数字时代公共人力资源管理理论与实践 / 古丽娜·朱马汗著. -- 延吉：延边大学出版社，2024.3
ISBN 978-7-230-06363-0

Ⅰ.①数… Ⅱ.①古… Ⅲ.①公共部门－人力资源管理－研究 Ⅳ.①D035.2

中国国家版本馆CIP数据核字(2024)第068573号

数字时代公共人力资源管理理论与实践
SHUZI SHIDAI GONGGONG RENLI ZIYUAN GUANLI LILUN YU SHIJIAN

著　　者：古丽娜·朱马汗
责任编辑：梁　杰
封面设计：文合文化
出版发行：延边大学出版社
社　　址：吉林省延吉市公园路977号　　邮　　编：133002
网　　址：http://www.ydcbs.com　　E-mail：ydcbs@ydcbs.com
电　　话：0433-2732435　　传　　真：0433-2732434
印　　刷：廊坊市海涛印刷有限公司
开　　本：710×1000　1/16
印　　张：12.25
字　　数：200 千字
版　　次：2024 年 3 月 第 1 版
印　　次：2024 年 3 月 第 1 次印刷
书　　号：ISBN 978-7-230-06363-0

定价：65.00元

前　言

随着数字技术的飞速发展，我们正快速步入一个全新的时代——数字时代。数字时代下，公共人力资源管理面临着前所未有的挑战。公共部门作为国家治理的支柱，其人力资源管理水平的提升对实现国家治理体系和治理能力的现代化具有至关重要的作用。当前，数字化已渗透到社会生活的方方面面，整个社会在工作模式、生活方式等方面正经历着深刻的数字化转型。数字技术的崛起同样也对公共部门产生了巨大影响，公共部门也不可避免地面临着复杂的转型问题。数字化重塑涉及公共部门组织的战略、技术、人力资源管理等各个领域。我国公共部门的人力资源管理在过去几十年间发生了重大变化，由于各项法律法规不断完善，加之各级政府长期的坚持和努力，公共人力资源管理的成本大大降低，管理效率、服务质量和管理水平显著提高。我国公共部门在数字化的发展方面也取得了长足的进步，但是未来还需要应对更多的挑战。

数字时代的来临对公共人力资源管理产生了深远影响。首先，有助于提高政府服务效率。数字技术为公共部门提供了先进的管理工具和管理方法，使得人力资源管理工作更加高效、精准和便捷。借助数字化手段，公共部门可以简化烦琐的工作流程，提高人力资源管理决策的科学性和准确性，从而提升整体服务效率，更好地满足社会公众的需求。其次，有助于提升政府人才队伍建设水平。数字技术能够使公共部门掌握全面、精准的人才数据和信息，进而更好地评估和选拔优秀人才。借助数字化培训工具，公共部门可以更有效地培养具备跨界合作能力的人才队伍，提高人才队伍的整体素质。最后，有助于增强政府公信力，提高政府威望。数字技术为公共部门提供了与公众互动和沟通的新渠道，使得政府的服务更加透明、便捷和高效。借助数字化手段，公共部门可以更好地了解社会公众的需求，及时回应公众关心的问题，增强公众对政府的信任感，从而增强政府的公信力，提高政府威望。未来，公共人力资源管理将更加注重数据驱动的决策、员工体验的提升、跨界合作与共享以及全球视野与跨文化交流能力的培养。同时，构建适应数字时代发展要求的人力资源管理体系、培养具备数字化素养的人力资源管理团队，将成为公共人力资源管理的重要任务。

本书共六章，第一章主要介绍公共人力资源管理的基础理论；第二章主要探讨数字时代的公共人力资源管理；第三章主要探讨云计算在公共人力资源管理中的应用；第四章主要探讨大数据在公共人力资源管理中的应用；第五章主要探讨人工智能在公共人力资源管理中的应用；第六章主要探讨公共人力资源管理数字化。

古丽娜·朱马汗
2024 年 1 月

目 录

第一章 公共人力资源管理概述 … 1

第一节 公共人力资源管理的特点及原则 … 1

第二节 公共人力资源管理的价值与功能 … 8

第三节 公共人力资源管理的主体 … 17

第四节 公共人力资源管理的基本制度 … 26

第五节 公共人力资源管理的历史演变及发展趋势 … 44

第二章 数字时代的公共人力资源管理 … 50

第一节 数字时代的特征 … 50

第二节 数字时代公共人力资源管理的特点及重要性 … 53

第三节 数字时代公共人力资源管理面临的问题及解决对策 … 57

第四节 数字时代公共人力资源管理的研究方向 … 65

第三章 云计算在公共人力资源管理中的应用 … 68

第一节 云计算对公共人力资源管理的潜在影响 … 68

第二节 云计算在公共人力资源管理中的应用优势及应用场景 … 77

第三节 云计算在公共人力资源管理中应用的问题及解决措施 … 85

第四章　大数据在公共人力资源管理中的应用 ……………… 88

　　第一节　大数据在公共人力资源管理中的应用优势 ……… 88
　　第二节　大数据在公共人力资源管理中的应用场景 ……… 95
　　第三节　大数据在公共人力资源管理中应用的问题及解决措施 …… 104

第五章　人工智能在公共人力资源管理中的应用 ……………111

　　第一节　人工智能对公共人力资源管理的潜在影响 ………111
　　第二节　人工智能在公共人力资源 理中的应用优势及应用场景 …… 121
　　第三节　人工智能在公共人力资源管理中应用的问题及解决措施 …… 130
　　第四节　人工智能在公共人力资源管理中应用的建议 …………… 138

第六章　公共人力资源管理数字化 ……………………………… 143

　　第一节　公共人力资源管理数字化的发展历程及发展趋势 …… 143
　　第二节　公共人力资源管理数字化人才培养 …………………… 149
　　第三节　公共人力资源管理数字化绩效评估 …………………… 156
　　第四节　公共人力资源管理数字化与组织文化塑造 …………… 163
　　第五节　公共人力资源管理数字化与公共部门创新 …………… 173
　　第六节　公共人力资源管理数字化与政府治理现代化 ………… 177

参考文献 ……………………………………………………………… 186

第一章 公共人力资源管理概述

第一节 公共人力资源管理的特点及原则

一、公共人力资源管理的特点

公共人力资源管理是指政府机构针对公共部门人力资源的获取、开发、保持和利用等方面所进行的计划、组织、指挥、协调和控制的活动。这一概念主要涉及的公共部门包括政府机关、事业单位、社会团体等，而非私人部门或企业。公共人力资源管理的目的是确保公共部门的人力资源配置更加合理、高效，以更好地服务于社会。公共人力资源管理具有以下特点。

（一）公共性

公共组织不同于企业，它建立在人民的公意达成和公意授权的基础上，公共组织的一切行为必须符合和有利于公民的意志、利益和需求，有悖于此的公共组织必然会丧失其存在的基本依据。公共人力资源管理必须紧紧围绕为社会提供公共产品和服务的组织目标来进行。

1.政府组织的公共性

政府组织产生于社会发展的需要（国家形成），并以社会发展需要为基础形成了公共行政职能。在实施本组织人力资源管理的过程中,政府组织要不断地采纳、代表和反映社会公众对它的要求。可以说,政府组织的生命力源于它的公共性,因此公共性是政府组织人力资源管理的根本属性。

2.非营利组织的公共性

非营利组织是为适应社会公众自我管理的需要而产生的组织。特别是随着我国政府管理体制改革的进一步深入,政府会将大量的社会职能转移出来,交给非营利组织去承担,非营利组织人力资源管理的社会自主性将进一步扩大,其公共性将更加突出。

与企业追求自身利益最大化不同,公共管理着眼于社会全局,侧重于关系到社会大多数成员切身利益和生活质量的"社会性"管理。正因为公共人力资源管理与企业人力资源管理的理念和价值判断标准存在着巨大差异,我们在借鉴企业人力资源管理的理论和方法时应有所选择。

同时,也应当指出,我们强调公共人力资源管理的公共性,并不意味着不考虑成本。管理之所以有必要,是因为存在着资源约束,在资源约束条件下的管理要求任何一个组织在履行其职能时必须考虑成本。公共组织的特点决定了公共人力资源成本是其成本的主要组成部分。公共性要求公共组织在成本一定的条件下尽可能地提供优质的公共服务。因此,在合理配置和利用人力资源方面,公共组织与企业确有很多相同之处。

(二)服务性

服务性是公共人力资源管理的基本属性。服务性既体现在公共组织提供的公共产品的性质上,也体现在公共组织提供的公共产品的特点上。公共组织存在的目的是向社会提供公共服务,无论是政府还是非营利组织,它们提供的公共产品大多以服务产品的形式体现出来——这种服务与企业组织的服务有着本质区别。

公共组织的服务是将社会的利益摆在核心地位,而企业组织的服务通常是有偿服务，这正是区别两种性质"服务"的依据。因此，公共人力资源管理的目的不像企业组织那样是为本企业谋取利益。也就是说，企业对人力资源进行管理，实现人力资源的价值，其目的是让人力资源为本企业赢得更多的利益。而公共组织对其人力资源进行管理，是为了提高公共人力资源的质量，为全体公民提供更好的服务，为社会公众谋求更多的公共利益，而不是为公共组织自身谋求利益。

公共人力资源管理在发挥公共组织职能方面负有重要责任，因为服务产品质量的高低在很大程度上取决于服务提供者的劳动积极性、工作创造性和职业化程度。这些都是公共人力资源管理需要解决的问题。

（三）公开性

公共组织不同于其他社会组织，它掌握着一定的国家权力和社会公共资源，它服务的对象是全体人民。众所周知，人类社会发展到一定阶段，由于出现利益的分化而陷入不可缓和的自我矛盾之中。为了避免无谓的消耗，以最小的成本换取最大的利益，人们将一部分权力让渡出来，形成公共权力，并将其委托给一个社会认同的专门职业集团，由它来管理全体社会的公共事务，维护社会秩序，进而维护整个社会的利益。这种从社会中产生又居于社会之上的力量，便是公共组织以及由此产生的职业管理阶层。这种对整个社会公共事务进行管理的活动过程就是公共组织管理行为。

因此，公共人力资源管理行为实际上就是公共权力与社会互动的过程。在这一过程中，公民与公共组织是委托与代理的关系。公共组织接受公民的委托，代表公民去做与公共人力资源管理有关的事情，它们要向公民负责，同时接受公民监督。正因为如此，公共组织内部管理制度的公开性成为其人力资源管理的重要特点。企业的人力资源管理制度往往是企业商业秘密的一部分，而公共组织的人力资源管理制度往往是公开的，受到社会公众和组织内员工的监督。

公共人力资源管理制度的公开性在保证组织人力资源管理公平性方面起

到了积极作用,但同时也增加了人力资源管理的难度,提高了对人力资源管理部门专业人员的要求。

(四)复杂性

公共组织,特别是政府组织是一个纵横交错、层层节制的结构体系,而这样一个结构体系又是按照一个完整统一的原则建立起来的,要求目标统一、权责统一、功能配置统一。因此,合理划分各级行政组织特别是中央与地方的人事管理权,建立完整、统一的人事管理制度,明确职责范围,是高效管理公共人力资源的基础。而公共人力资源管理权的划分是一项复杂的系统工程,这种复杂性是其他组织无法比拟的。

非营利组织人力资源管理既受到政府组织的影响,也受到工商企业部门的影响。非营利组织人力资源管理的这一特殊性也提高了非营利组织人力资源管理的难度。

公共人力资源管理的复杂性还表现在对公共人力资源的绩效管理上。公共组织的产出具有不同于私营组织的特点:①公共组织的产出通常是一些中间产出,充其量是最终产出的"代理",间接的非市场产出对最终产出的贡献是难以度量的;②公共组织的产出在技术上也是难以度量的,从委托人组织到会员组织再到政府组织,度量这些机构资源利用效率和相关产出的难度越来越大,对其进行管理和控制的难度也越来越大;③公共组织的产出在时间上有一定的滞后性,这种滞后性导致我们难以对其产出进行评价;④公共组织的产出一般都是集体性产品,个人在其中的贡献份额是难以确定的。以上这些公共组织产出的复杂性都是公共组织进行人力资源绩效管理的直接障碍,这就要求人们研究出新的适合公共组织特点的绩效管理体系和绩效评价指标。

(五)稳定性

与企业组织相比,公共组织具有相对稳定性,即公共组织的结构很少发生变化，管理模式也很少发生根本性变化，这对公共人力资源管理有很大影响。

公共组织的稳定性对人力资源管理既有有利的影响，也有不利的影响。有利的影响表现在：由于组织结构和管理机制较为稳定，员工的组织预期和行为方式可以长期保持稳定。不利的影响表现在：公共组织往往不能像企业组织那样，通过组织结构的变革，为员工提供更多的发展机会，激励手段匮乏。

现代人力资源管理不仅要求要有即时的、被动的管理，还要求在对组织需求和人力资源供给状况进行合理预测的基础上，实现动态的、预见性的管理。在此过程中，公共组织会遇到特殊的困难。在私人部门中，组织机构需求的预测一般是以各个单位的经理所作的销售预测和市场预测为基础的。鉴于控制一般是较内在化的、分散化的，较少依赖外界的检查渠道，所以这些预测更具现实的可能性。公共部门的组织则不同，它们不太能控制其未来计划，而且其详细说明类似于市场预测的情况并用 3~5 年的时间使其被人们接受的可能性也很小。在公共部门的环境中，预测不断发展的劳动力需求或未来计划需求是一个特别困难的过程。常见的方法是力图把这种预测和预算周期联系起来，但是公共部门预算固有的不稳定性也使这种方法难以生效。公共组织稳定性的特点也导致其在管理上缺乏灵活性，即不能根据环境的变化或管理的需要进行动态的人力资源管理。

（六）高人力资本密集性

公共人力资源管理具有高人力资本密集的属性，其原因有三。

一是公共组织工作人员是在学习、培训中获得管理公共事务的能力的，公共人力资源的质量取决于个体和公共组织的人力投资强度。在进入公共组织以前，作为潜在的公共人力资源的个体先要接受高等教育，而接受高等教育是高人力资本密集属性的一种体现。另外，作为现实的公共人力资源的个体，也要经常性地参加由公共组织组织的职前培训和职后培训，参加这些培训也是公共人力资源管理高人力资本密集属性的体现。

二是公共人力资源能够持续地给投资者带来收益，这种收益在非营利组织中通常表现为货币形态，在政府组织中则表现为非货币形态。潜在的公共人力资源的投资，给投资者带来的回报是为其进入公共组织做好知识、学历方面的准备，即给投资者带来发展机会；现实的公共人力资源的投资，给公共组织带来的回报是工作人员管理公共事务水平的提高。

三是与其他资本不同的是，公共人力资本不存在投资收益递减现象，即公共人力资本的投资收益是递增的，这体现了人力资本投资的高增值特征。

公共人力资源管理的高人力资本密集特性要求公共组织努力使人力资源管理进一步发展为人力资本管理。各级管理者必须树立人力资本管理的理念，重视人力资本的不断投入与积累，努力促使员工接受终身学习理念，自觉进行人力资本投资。同时，人力资本投入应获得相应的收益，在进行薪酬管理时必须考虑人力资本因素，这样才能激励人们不断地进行人力资本投入，从而推进人力资源素质的全面提高。

在公共管理日益重要的今天，公共人力资源管理也越来越重要。我们应当在积极学习和借鉴发达国家经验的基础上，有所创新，努力创建具有中国特色的公共人力资源管理理论体系和管理模式。

二、公共人力资源管理的原则

如前文所述，公共人力资源管理的目标是确保公共部门的人力资源配置更加合理、高效，以更好地服务于社会。为实现这一目标，公共人力资源管理需要遵循一系列原则。

（一）以公共利益为导向

公共部门作为公共权力的执行者，其职责是维护社会的公共利益。因此，公共人力资源管理应以公共利益为导向,确保公共部门为公众提供优质、高效的服务。这意味着在招聘、选拔、任用和晋升等各个环节,公共部门需要注重候选人的素质和能力,选择那些具有公共服务意识和责任感的人才。

(二)遵循公权力的运用原则

公共部门作为公共组织,拥有一定的公权力。这些权力必须用于维护社会公共利益,而非谋取个人私利。因此,公共人力资源管理要注重对公共部门管理人员的监督和约束,防止权力滥用和腐败现象。同时,公共部门应建立完善的制度规范,确保管理人员在行使权力时严格遵守法律法规和职业道德准则。

(三)注重公正与公平

在招聘、选拔、任用和晋升等各个环节,公共部门要遵循公正与公平的原则,避免出现性别、种族、年龄等方面的歧视。同时,公共部门应建立科学的绩效评估体系,对管理人员的工作表现进行客观、公正的评估,避免主观因素和人际关系的干扰。这有助于激发管理人员的工作积极性和创造力,提高整体服务水平和工作效率。

(四)强调专业化和职业化

公共部门的管理人员作为国家公职人员,需要具备相应的专业知识和职业素养。因此,公共部门应加强专业培训,为管理人员提供职业发展指导,提高其专业素质和能力水平。同时,公共部门应注重选拔具备职业精神和高素质的人才,建立一支专业化、职业化的管理人员队伍。

(五)注重改革创新

随着社会的发展和变革,公共部门面临着新的挑战和机遇。为了更好地服务于社会,公共人力资源管理要与时俱进,注重改革创新,如引入先进的管理理念和方法、优化组织结构和业务流程、加强信息化建设等。在改革创新中，公共部门还可进一步提高人力资源管理水平，提升整体服务能力和竞争力。

第二节 公共人力资源管理的价值与功能

一、公共人力资源管理的价值

（一）提升组织绩效

公共人力资源管理的核心目标之一就是提升组织的绩效。有效的人力资源配置、培训和激励机制，可以显著提高公共部门管理人员的工作效率和质量，进而提升整个组织的绩效。

首先，公共人力资源管理可通过制订科学的人力资源规划，提升组织绩效。人力资源规划是根据组织的战略目标和业务计划，对人力资源进行合理配置和有效利用的过程。科学的人力资源规划，可确保组织拥有适当数量和质量的员工，以满足组织的业务需求，提高组织的绩效。

其次，公共人力资源管理可通过招聘和选拔高素质的人才，提升组织绩效。高素质的人才具备较高的专业素质，能够更快地适应组织的业务需求，提高工作效率和质量。公共部门可制定科学的招聘和选拔标准，选拔高素质的人才加入组织，提升组织的绩效。

再次，公共人力资源管理可通过制定合理的薪酬体系和激励机制，进一步提升组织绩效。合理的薪酬体系和激励机制可激发员工的工作积极性和创造力,提高员工的工作效率。公共部门可制定科学的薪酬制度和绩效考核机制,使员工的薪酬与绩效挂钩,从而激励员工更加努力地工作,进一步提高组织的绩效。

最后,公共人力资源管理可通过实施有效的培训和发展计划,提升组织绩效。培训和发展计划也可帮助员工提升专业素质,提高其工作效率和质量。公共部门可制订有效的培训和发展计划,帮助员工不断进步,让他们为组织创造更多的价值。

(二)增强组织凝聚力

组织凝聚力是指组织内部员工对组织的认同感和归属感。公共人力资源管理可以通过一系列实践措施来增强组织的凝聚力。

首先,公共人力资源管理可通过建立共同价值观和目标,增强组织凝聚力。共同价值观和目标是组织内部员工的共同信仰和追求,能够增强员工的归属感和使命感,使员工更加积极地投身于组织的发展中。公共部门可向员工传递组织的价值观和目标,增强员工对组织的认同感和归属感,从而增强组织的凝聚力。

其次,公共人力资源管理可通过有效的沟通机制,增强组织凝聚力。沟通是组织内部员工之间相互交流、理解和协作的基础,有效的沟通可以消除误解和矛盾,加强员工之间的合作。公共部门可建立完善的沟通机制,加强员工之间的信息交流和情感沟通,帮助员工更好地理解组织的战略目标,从而增强组织的凝聚力。

再次,公共人力资源管理可通过提供良好的员工福利,增强组织凝聚力。员工福利和关怀是组织对员工的认可和回报,良好的福利可提升员工的满意度和忠诚度,增强员工对组织的向心力。公共部门可制定合理的薪酬体系,提供丰富的培训和发展机会,为员工创造良好的工作环境,从而增强员工对组织的认同感和归属感,进一步增强组织凝聚力。

最后，公共人力资源管理可通过团队建设和员工参与等管理措施，增强组织凝聚力。团队建设可帮助员工建立良好的合作关系，提高团队的协同作战能力；员工参与则可让员工更好地参与到组织的决策和管理中，增强员工的责任感和归属感。这些都可以进一步增强组织的凝聚力，提高组织的整体绩效。

（三）促进组织变革和发展创新

随着社会的不断发展，公共部门要与时俱进，不断进行改革和创新。公共人力资源管理在促进组织变革和发展创新方面发挥着重要作用。

首先，公共人力资源管理可帮助组织适应外部环境的变化。在人力资源管理中，相关人员可通过市场分析和趋势预测，为组织提供人力资源需求等方面的建议。在此基础上，组织可调整其人力资源战略，以应对外部环境的变化。

其次，公共人力资源管理可通过引入先进的管理理念和方法推动组织的变革和创新。例如，采用绩效管理、鼓励员工参与等现代管理手段，可激发组织的活力和创造力，推动组织的变革和发展。

最后，公共人力资源管理在培养创新型人才方面也扮演着重要角色。选拔和培养具有创新思维和创造力的公共部门管理人员，可促进组织的创新和发展。此外，公共人力资源管理还可通过打造创新文化、鼓励创新实践、制定创新奖励机制等措施，激发公共部门管理人员的创新意识和创造力，推动组织的持续创新和发展。

（四）优化组织人才结构

公共人力资源管理可通过制订科学的人力资源规划，优化组织的人才结构。

首先，公共人力资源管理可通过制订科学的人力资源规划来优化人才结构。人力资源规划是公共部门根据自身的战略目标和发展计划，对人力资源的需求和供给进行预测和规划的过程。科学的人力资源规划，可确保组织在不同发展阶段都有充足且合适的人才储备，避免人才短缺或过剩的情况出现。

同时，人力资源规划还可指导组织进行有针对性的人才招聘、培训，从而优化人才结构。

其次，公共人力资源管理可通过有效的人才招聘来优化人才结构。招聘是组织获取人才的主要途径，有效的人才招聘，可吸引和选拔技能过硬、经验丰富和具有潜力的人才加入组织。公共部门可采取制订详细的招聘计划、设定合理的招聘标准和流程、采用多样化的招聘渠道等措施，提高招聘效率，从而优化人才结构。

再次，公共人力资源管理还可通过培训来优化人才结构。培训是提升员工能力和素质的重要手段，通过培训，员工可以更好地适应组织的需要，提高工作效率和职业发展水平。公共部门可制订个性化的培训计划和职业发展规划，为员工提供多样化的培训机会，促进员工的个人成长，优化组织的人才结构。

最后，公共人力资源管理可通过建立良好的激励机制来优化人才结构。激励机制是激发员工积极性和创造性的重要手段，合理的薪酬体系、绩效考核机制和晋升制度，可激发员工的潜力和创造力，提高其工作积极性和满意度。建立良好的激励机制不仅可以提高员工的工作绩效，还有利于留住更多的优秀人才，进一步优化人才结构。

（五）降低组织风险

公共人力资源管理还可降低组织风险，提高组织的稳定性。

首先，公共人力资源管理可通过有效的人才招聘和培训，降低组织的人才风险。人才是组织最宝贵的资源，如果组织缺乏足够的人才储备或关键人才流失，将会承受巨大的风险。公共部门可通过科学的人才招聘和培训计划，吸引和选拔具有合适技能和丰富经验的人才加入组织，同时提高员工的工作能力和素质，从而降低组织的人才风险。

其次，公共人力资源管理可通过建立良好的激励机制和福利制度，提高员工的忠诚度。员工是组织的基石，如果员工对组织不满或频繁离职，组织将会受到很大的影响。公共部门可通过制定合理的薪酬体系、绩效考核机制和福利制度等激励机制，激发员工的工作积极性和创造力，提高其工作满意度。这样不仅可以降低员工的离职率，还可以提高员工的工作稳定性，进一步降低组织的风险。

再次，公共人力资源管理还可以通过建立有效的劳动关系管理制度来降低组织的风险。劳动关系涉及员工与组织之间的各种关系，如果处理不当，可能会引发劳动纠纷，给组织带来不必要的损失。公共部门可通过建立完善的劳动合同管理、劳动争议调解和员工关系管理等制度，有效地预防和处理各种劳动关系问题，降低组织的风险。

最后，公共人力资源管理还可以通过打造组织文化和树立科学的价值观，提高组织的稳定性和凝聚力，降低组织风险。组织文化和价值观是组织的灵魂，对组织的长期发展至关重要。公共部门可打造符合组织发展战略的组织文化，树立科学的价值观，增强员工的认同感，提高组织的稳定性，从而降低组织风险。

（六）改善组织形象

公共人力资源管理对改善组织的社会形象也有重要意义。

首先，公共人力资源管理可通过招聘和选拔高素质的人才，改善组织的社会形象。员工是组织形象的代表，高素质的员工具备专业的知识和良好的职业道德，能够为组织赢得社会的认可和信任。公共部门可制定科学的人才招聘和选拔标准，吸引和选拔高素质的人才加入组织，为组织树立一个积极向上、专业负责的形象。

其次，公共人力资源管理可通过培训员工，提高员工的专业素质。员工的表现直接影响着公众对组织的看法和评价。公共部门可提供各种培训和发展机会，帮助员工提升专业素养，以增强员工的工作能力，为组织赢得良好的社会声誉。

再次，公共人力资源管理可通过建立良好的员工关系和优秀的组织文化，改善组织的社会形象。员工关系和组织文化是组织形象的重要组成部分，良好的员工关系和优秀的组织文化可以增强员工的归属感，同时为组织赢得社会的尊重和支持。公共部门可建立积极的员工关系和科学的价值体系，培养员工的协作精神和团队精神，这样有助于组织形成优秀的组织文化，树立一个和谐、积极、有社会责任感的形象。

最后，公共人力资源管理可通过有效的公关策略和社会实践，改善组织的社会形象，增强其社会影响力。公关策略可帮助组织与公众建立良好的沟通和互动关系，传递组织的价值观和服务宗旨；社会实践则可以让组织积极参与社会公益事业，回馈社会，赢得社会的认可和尊重。

二、公共人力资源管理的功能

公共人力资源管理有多种功能，这些功能相互关联，共同支撑组织的运作和发展。以下是公共人力资源管理的主要功能。

（一）吸纳

吸纳是公共人力资源管理的首要功能。公共部门要通过招聘、选拔等程序，吸引和获取具备必要素质和能力的人员。要想有效地发挥公共人力资源管理的吸纳功能，公共部门必须制定科学的招聘策略，保证招聘渠道的多样性、选拔标准的明确性和选拔程序的公正性，只有这样，才可以确保新入职的人员具备必要的素质和能力，以满足自身的需要。

首先，公共部门可制订科学的人力资源规划，积极吸引和选拔高素质的人员。人力资源规划是组织发展战略的重要组成部分，它是组织基于长期发展目标，对人力资源的需求和供给进行的预测和规划。公共部门可制订科学的招聘计划，设定合理的招聘标准和流程，吸引大量优秀的人才。同时，选拔高素质的员工也是关键，这需要依赖科学的评估方法和严谨的选拔流程，确保选出的人才能够胜任工作，满足组织的业务需求。

其次，公共部门可制订有效的培训计划和发展计划，不断提升员工的素质和能力，以培养和储备人才。公共部门可通过提供各种培训和教育机会，帮助员工提升专业技能和知识水平，增强其适应性和创新能力。通过实施培训和发展计划，公共部门能够进一步挖掘员工的潜力，提高其工作能力，为自身的长期发展提供有力支持。

再次，公共部门可建立良好的激励机制和福利制度，吸引优秀人才。建立激励机制和福利制度是公共人力资源管理的重要手段之一，它能通过合理的薪酬和奖励措施，激发员工的工作积极性和创造力，提高其工作满意度和忠诚度。良好的激励机制和福利制度能让员工感受到组织的关心，增强其对组织的归属感和忠诚度，从而降低员工流失率，保持组织的稳定性和竞争力。

最后，可构建与公共部门发展战略相符合的组织文化，树立科学的价值观，进一步增强公共部门的吸引力和凝聚力。公共部门的文化和价值观是公共部门的灵魂和精神支柱，它影响着员工的思想和行为方式，决定着公共部门的形象和发展方向。公共部门可倡导符合自身发展战略的组织文化，增强员工之间的凝聚力，提升自身的吸引力和竞争力。

（二）维持

维持功能是指组织通过一系列管理措施，保持公共部门管理人员的稳定性和忠诚度。公共部门的管理措施包括提供合理的薪酬福利、营造良好的工作环境和氛围、制定公正的绩效评估和晋升机制等。发挥公共人力资源管理的维持功能，可增强公共部门管理人员的归属感，降低人员流失率，保证组织的稳定性。

首先，可制定合理的薪酬体系和福利制度，确保员工得到公平合理的待遇，从而维持员工的积极性和忠诚度。薪酬和福利是员工最为关注的问题，合理的薪酬体系和福利制度能让员工感受到组织的关怀，提高其工作满意度。公共部门可定期进行薪酬调查，了解市场行情和员工期望，制定具有竞争力的薪酬体系和福利制度，从而有效地维持员工的积极性。

其次，可通过有效的员工关系管理，建立良好的沟通机制，维护组织的稳定性。员工关系管理是公共人力资源管理的重要环节之一，它涉及员工之间的沟通、协作和冲突解决等问题。公共部门可通过建立有效的沟通机制，加强员工之间的信息交流和情感沟通，增强团队的凝聚力，降低离职率。同时，公共部门还可营造积极向上的工作环境，帮助员工克服困难，提高员工的工作满意度。

再次，可通过持续的员工培训和发展计划，不断提升员工的素质和能力，维持其与组织的匹配度。随着社会的不断发展，组织的业务和环境也在不断变化，员工需要不断更新知识和技能以适应这些变化。公共部门可提供持续的培训和发展机会，帮助员工不断提升自己的能力，使其更好地适应组织的发展，从而维持其与组织的匹配度。

最后，可通过规范的管理制度和流程，确保员工的权益得到保障，维护组织的公正性和合法性。公共部门可制定科学的管理制度和流程，确保员工的招聘、选拔、培训、考核和晋升等都符合法律法规和国家的相关政策，保障员工的合法权益。同时，公共部门还要对员工的工作表现进行客观、公正的评估，给予适当的奖励和惩罚，以维护组织的公正性和合法性。

（三）开发

开发功能是指组织通过为员工提供培训、教育和实践的机会，不断提升员工的素质和能力。随着社会的不断发展和技术的不断进步，公共部门管理人员也要不断学习和成长，以应对新的挑战。通过培训和教育，组织可以帮助员工更新知识、丰富技能，增强员工的创新能力，从而提升其工作效率和工作质量。

此外，开发功能还包括对员工的职业规划进行指导，建立多层次的晋升通道，以满足员工的职业发展需求。

首先，可制订科学的培训和发展计划，不断挖掘和激发员工的潜力，提高其专业素质和工作能力。培训和发展是公共人力资源管理的重要环节之一，旨在通过提供各种培训和教育机会，提升员工的知识水平，增强其适应性和创新能力。公共部门可制订培训和发展计划，进一步挖掘员工的潜力，提高其工作效率，为组织的长期发展提供支持。

其次，可通过有效的绩效管理激励员工不断提升自己的工作能力，实现个人和组织的共同发展。绩效管理是公共人力资源管理的核心之一，旨在通过制定科学的绩效评估标准和流程，对员工的工作表现进行客观、公正的评估，并给予适当的奖励和反馈。通过绩效管理，公共部门能激励员工不断地提升自己的能力，实现个人发展。

最后，可建立科学的激励机制和福利制度，激发员工的工作积极性和创造力，提高其工作满意度。激励机制和福利制度是公共人力资源管理的重要手段之一，公共部门可制定合理的薪酬、福利和奖励措施，激发员工的工作积极性，提高其工作满意度。

（四）激励

激励是指组织通过各种手段激发员工的工作积极性和创造力，促使他们更好地履行职责。激励包括物质激励和精神激励两个方面，物质激励有提供有竞争力的薪酬、奖金和津贴等；精神激励有给予表彰、荣誉，鼓励创新和提供发展机会等。合理的激励机制可激发员工的内在动力和工作热情，促使他们更加积极主动地工作，为组织创造更多的价值。

首先，可制定合理的薪酬体系和福利制度，激发员工的工作积极性和创造力。合理的薪酬体系和福利制度能让员工感受到组织的认可，激发其工作积极性。公共部门可制定具有竞争力的薪酬体系和福利制度，以有效地激励员工更加努力地工作，提高其工作效率。

其次，可提供更好的职业发展机会和晋升渠道，激励员工不断追求自我成长和发展。良好的职业发展机会和晋升渠道能让员工感受到组织的支持，激发其工作积极性和创造力。公共部门可制定合理的晋升政策，为员工提供良好的职业发展机会，激励员工不断成长和发展，提高其工作效率。

总之，公共人力资源管理功能包括吸纳、维持、开发和激励等方面。这些功能相互关联、相互支持，共同构成了公共部门人力资源管理的核心工作内容。

第三节 公共人力资源管理的主体

一、公共人力资源管理机构

我国公共部门人力资源管理机构分为组织内的直线管理机构与组织外的专业化人力资源管理机构。本书依据管理部门的边界将其细分为公共人力资源外部管理机构和内部管理机构，它们共同参与公共人力资源管理的多项活动，承担不同层次的管理职责。公共人力资源外部管理机构是指负责一定区域内公共人力资源规划与管理的政府组成部门，如中央人民政府和地方人民政府的人力资源管理部门；公共人力资源内部管理机构是指公共组织内承担该组织人事管理工作的内部机构。从公共人力资源外部和内部管理机构的职能范围来看，外部管理机构主要负责宏观层次和中观层次的公共人力资源管理活动，内部机构主要负责微观层次的公共人力资源管理活动。

（一）公共人力资源外部管理机构

公共人力资源外部管理机构包括中央人社部、各省（自治区、直辖市）人社厅、各地级市和县（区）人社局。此外，党委的组织部门、国务院国有资产监督管理委员会等单位的组织部和人事部门都对政府机关、事业单位、国有企业等公共部门的人力资源负有管理责任。

在外部管理机构中，公共人力资源管理工作由中央人社部、地方人社局的下属各部门承担，主要包括政策研究、法规制定、就业促进、职业能力建设、调解仲裁、劳动监察、公务员招录等方面的管理工作。公共人力资源外部管理机构的主要职能如下。

1.进行宏观人力资源统计、预测和规划

公共人力资源规划是公共部门根据一定时期组织发展战略需要，在对外部环境和本部门人力资源需求状况进行分析和预测的基础上，为满足组织在人力资源数量、质量和结构等方面的需求，制定本部门人力资源管理行动方针的过程。首先，公共部门外部人力资源管理机构要从宏观上对部门的人力资源基本情况和职位空缺等信息进行统计，这为进行人力资源预测和规划奠定了基础。其次，公共部门的外部环境在不断变化，制订人力资源规划需要对其进行分析预测，将复杂多变的环境纳入组织的考虑范围，人力资源管理机构对环境进行分析预测，能增强人力资源管理的适应性和科学性。最后，公共人力资源规划是整个公共组织战略规划的有机组成部分，人力资源管理机构能通过制订公共人力资源规划，促进公共组织战略目标的实现。以外部管理机构中的人社部为例，在其内设机构中，规划财务司需牵头拟订人力资源和社会保障事业发展中长期规划和年度计划并组织实施和监督落实；人力资源流动管理司需拟订人力资源市场发展政策和规划等。人力资源规划的制订一方面是国家战略规划在人力资源管理中的体现，另一方面也是公共人力资源发展方向的体现。

2.制定基本制度、政策和管理标准

外部管理机构负责宏观层次和中观层次的公共人力资源管理，具有制定公

共人力资源管理政策和制度的职能，它是一个进行综合管理的组织。外部管理机构需要明确人力资源管理的程序、方法和规则，制定公共人力资源管理的基本制度、政策和管理标准，促进公共人力资源管理有序发展，维护公共人力资源市场的秩序。仍以人社部为例，法规司负责组织起草、修订人力资源和社会保障法律、行政法规草案，负责审查、修改拟提请部务会审议的规章草案；人力资源流动管理司负责区域人才开发合作工作，指导各地建立完善区域人才交流合作机制，负责拟订人员调配政策（不含公务员）并组织实施，承办国家特殊需要人员的调配工作；事业单位人事管理司负责事业单位人事综合管理工作，完善事业单位人事管理制度，拟订岗位设置、公开招聘、竞聘上岗、聘用合同、考核、培训、回避、交流、奖励、处分、申诉、监督等事业单位人事管理政策法规并组织实施；等等。一系列人力资源管理制度和政策的制定，有助于加快建立规范的人力资源市场，促进公共人力资源合理流动、有效配置。

3. 制订和实施人力资源开发与培训的计划

与公共部门内部管理机构的人力资源开发与培训职能不同，外部管理机构主要是为公共人力资源的开发与培训提供政策和制度支持，即组织动员公共部门开展一系列人力资源开发与培训活动，而不是举办相关招聘、培训活动。外部管理机构组织的公共人力资源开发与培训活动，旨在不断更新公共部门人员的知识和技能，使其适应社会发展的需要，跟上时代前进的步伐。

仍以人社部内设机构为例，职业能力建设司的职能有：制定城乡劳动者职业能力建设基本政策，参与职业能力建设统计、宣传工作；拟订高技能人才队伍建设发展规划和培养、评价、选拔、使用、表彰、激励等政策措施；拟订全国技工学校、高级技工学校和技师学院以及职业培训机构的发展规划和管理规则，制定职业培训机构和中外合作职业技能培训机构管理办法；指导全国技工学校、高级技工学校和技师学院以及职业培训机构的师资队伍建设、教学研究、教学改革和教材建设工作；组织制定国家职业分类，建立完善新职业信息发布制度；制定国家职业技能标准和行业职业技能标准，构建多层次职业技能标准体系；等等。

总体而言，外部管理机构负责公共人力资源开发与培训计划的顶层设计，目的是提高公共部门工作人员的知识、技术和能力水平，提高其工作效率，进而促进公共部门及其成员的良好发展。

4.服从和执行国家政策和规定，提供补充性的公共人力资源服务

公共人力资源管理的外部机构作为各级政府的职能部门，其首要职能就是服从和执行国家政策的规定，如推动农民工相关政策的落实，协调解决重点难点问题，协调处理涉及农民工的重大事件，指导、协调农民工工作信息建设等。同时，外部管理机构也有补充性的公共人力资源服务职能，即中央与各地方的人力资源管理部门要为所管辖区域的公共部门提供补充性的公共人力资源管理服务，如提供公共人力资源管理咨询服务，按规定承办管辖区域内有关单位接收大中专毕业生的相关事宜，负责转业军官的接收、安置和培训工作，以及指导公共部门人才队伍建设等。

5.制订区域人力资源发展规划

各级公共人力资源管理外部机构一方面需要贯彻执行上级部门制订的人力资源管理规划，另一方面也要制订其所管辖区域的人力资源发展规划。从中央人力资源管理机构到地方人力资源管理机构，公共人力资源外部管理机构的管理层次、管理活动也从宏观层次落到中观层次，地方人力资源管理机构所承担的管理职能更加具体、管理范围更加明确。中央与地方人力资源管理机构的内设职能部门相似，管理内容大致相同，但中央人社部制订的人力资源发展规划要符合国家发展战略的要求，而地方人社局制订的人力资源发展规划不仅要服务于本级政府发展战略，还要与上一级外部管理机构的人力资源发展规划保持一致。各级人力资源外部管理机构要因地制宜，制订具有区域特色的人力资源发展规划，促进地区公共人力资源发展。

（二）公共人力资源内部管理机构

公共人力资源内部管理机构依据专业化程度可分为内部专业化人力资源管理机构和内部非专业化人力资源管理机构。

1.内部专业化人力资源管理机构

内部专业化人力资源管理机构主要指负责机构整体的人力资源战略规划、甄选录用、职业发展、开发培训、绩效评估、薪酬设计管理、法定权利保障等多项管理活动的各类公共组织中的人事管理机构，如人力资源部、人事处等。内部专业化人力资源管理机构的职能如下。

（1）人力资源规划

人力资源规划是公共部门按组织目标从数量上、质量上、结构上对人力资源的需求与供给进行预测，制定必要的措施、政策，确保组织在需要的时间内和需要的岗位上获得各类所需人才的过程，主要包括晋升规划、补充规划、培训开发规划、人员调配规划、工资规划等。一方面，公共人力资源规划是以组织战略目标为基础的，是为实现公共组织战略目标服务的；另一方面，公共人力资源规划要对未来的情况进行预测分析，以增强人力资源管理的适应性和科学性。

（2）人力资源获取

人力资源获取是指公共部门从组织内外招募、甄别、选拔和录用合格人员，主要包括招募、甄选、任用与人力测评等。公共人力资源的获取大致可分为准备、招募、甄选、录用和评估五个阶段，这五个阶段前后相连，缺一不可。在对任职人员进行招聘时，涉及三个相关部门：一是公共组织内的某个具体用人单位；二是该公共组织中的人事管理部门，即公共人力资源内部管理机构；三是对该公共组织有行政管理权限的人事主管机构，即公共人力资源外部管理机构。其中，公共人力资源内部管理机构在人力资源获取过程中需要协调好与相关部门的关系。

(3) 人力资源开发

它是指为了保证员工拥有与工作岗位相匹配的知识和技能，并在此基础上不断提高工作绩效，同时也使员工不断得到发展的一系列政策、方法和程序等，主要包括职业管理、管理人员开发、教育培训与工作轮换等。公共人力资源的开发是以任职人员为主要对象、以工作为中心的定向培训，其目的是使受训者掌握履行岗位职责所必需的知识能力和技巧，从而提高其工作效率和工作水平，改进其工作方式。

(4) 人力资源保障

它是指为维持员工的工作能力、保障员工权益而制定的一系列政策、措施等，主要包括薪酬与福利、权利与义务、健康与安全、纪律与奖惩。薪酬在调动公务人员的工作积极性、保障公共部门的有效运转等方面发挥着重要作用，内部人事管理部门要根据按劳分配原则、正常增资原则、平衡比较原则、物价补偿原则、法律保障原则、权变管理原则制定科学合理的公共部门薪酬制度，同时也要制定其他的人力资源保障制度。

(5) 人力资源研究

人力资源研究是公共人力资源管理机构的一个重要职能，这一职能越来越受公共部门的重视。每一个组织所面临的人力资源管理问题都是具体的、特殊的，发展出一套适合本组织的目标、任务、环境以及适合本组织工作特点、员工特点的人力资源管理系统是必要的，也是可行的。要想形成一套适合本组织的人力资源管理系统，就需要对人力资源战略管理、分类管理以及人力资源管理改革等内容进行研究。

2.内部非专业化人力资源管理机构

内部非专业化人力资源管理主要指公共部门里除了专业化人力资源管理部门的其他职能部门所涉及的人事管理工作。一般来说，公共部门内部除人事处、人力资源部等专业化的人力资源管理部门之外，其他职能部门也在一定程度上负责人力资源管理的相关工作，如部门内部人员的调整、人才的培养和选拔等。

以某大学为例，学校的人事处负责整个学校的人力资源管理工作，而财务处、教务处以及各个学院等的职能部门内部，也涉及对该部门的人力资源、工作事务的管理工作，这样，部门内部的管理机构在一定程度上构成了人力资源的内部管理机构。这种类型的内部管理机构侧重于对具体工作事务的管理，通常是围绕"人岗匹配"等问题，高效地完成部门内部的管理工作。

二、公共人力资源管理者

依据美国学者克林纳（D.E.Klingner）对公共人事管理部门和管理者的角色分类方法，结合我国公共人力资源管理的特点，我们从管理主体掌握权力大小的角度，将公共人力资源管理者划分为以下三种类型。

（一）直线管理者和监督者（领导者）

直线管理者和监督者是指在公共人力资源管理范围内，围绕公共部门的任务，进行激励、沟通、授权、培训等方面工作的人力资源管理者，通常是公共人力资源管理职能部门的各级负责人。每一个直线管理者和监督者都负有完成公共人力资源管理的部门目标和对部门进行管理的职责。公共人力资源管理具有快速发展的特点，直线管理者和监督者往往是具有较强责任心并且精通业务的骨干，但公共人力资源管理又有效率与公平的要求，这要求直线管理者和监督者必须扮演好"准财务经理""准人事经理""准项目经理"等多种角色。如此多的管理功能必须要和公共人力资源管理的职能相匹配，只有这样，才可以使直线管理者和监督者在角色和定位中找到平衡。

直线管理者与监督者的基本任务是完成本部门的组织目标，因此他们在日常工作中更注重具体的工作流程和结果。但是，人力资源管理也是直线管理者与监督者不可或缺的一项工作,其核心价值就是带领部门员工共同实现本部门的工作目标,因为每一个直线部门的工作不可能由某个个体单独完成,必须由直线管理人与监督者通过组织、协调和控制部门员工来完成,而且不能简单地以完成年度工作目标为衡量工作业绩的唯一依据,还需要直线管理者与监督者在良好的沟通、有效的激励、恰当的集权与授权以及有计划的员工培训和人才培养等方式下,使公共人力资源管理在完成工作目标的基础上,实现可持续发展。

直线管理者与监督者应具备基本的人力资源管理理念,并掌握现代人力资源管理方法。例如,通过工作分析明确界定下属员工的权利和责任,评估岗位的合理性以及不同岗位的相对价值;有效地分解并管理所属部门的目标,理解并执行部门的薪酬体系并发挥其激励作用;有效地管理员工的绩效,进行有效的人才招聘、甄选和离职管理,帮助员工规划其职业生涯并建立学习型组织等。

(二)专业型管理者(人事主管专家)

专业型管理者是指以人力资源专家为主体构成的、需要较多专业化知识的专家型管理者群体,他们通常在人事部门工作,担任行政人员,为直线管理者或监督者提供专业支持和服务。这类管理主体的主要职责是指导和帮助设计并实施人力资源管理制度,从事薪酬设计和管理、培训开发与发展、招募甄选、组织沟通、组织变革等管理活动,扮演管理顾问等角色。人事主管专家需用专业化的标准来适当地回应冲突,满足各制度支持者的期望。

当代公共人力资源管理已不再满足于被动的以事择人的事务性管理,专业型管理者在组织中所处的地位使其可通过自身积极、主动的规划和开发行为,推进公共部门不断适应内外部环境的要求,促进组织自身的变革和创新。变革过程既是组织结构、运行机制的变化过程,也是组织群体和个人社会心理、态度、行为变化的历程。在变革中,由于利益等因素,加之未来的不可预知性,部分员工会对组织抱有不信任的态度,从而导致某些消极和抵抗的行为,从而导致他们与组织间的心理契约瓦解。人事主管专家在促进组织变革和解决变革中出现的问题等方面发挥着重要作用。

(三) 人力资源活动管理者

人力资源活动管理者是指以"现场管理者"的身份管理现场需要管理的对象，管理对象从大的方面可分为人员、设备、材料、方法和环境等五大部分；围绕这些对象而展开的各种管理活动，其目的可概括为提升管理品质、降低管理成本、确保任务完成、确保人员健康、保持员工工作环境舒适等五点。人力资源活动管理者又称通用型人力资源管理者，作为人力资源具体管理活动的主体，他们拥有相应的权力，负责那些与机构目标实现直接关联的管理活动，如负责公共人力资源管理过程中的具体事务和活动，推行各种人事管理政策，完善人力资源管理技术和管理方式等；贯彻执行上级人力资源管理部门制定的关于各项基础管理的规章制度，熟悉通用型人力资源管理的操作规范及检验评定标准，从而在公共人力资源管理过程中起到重要作用。

人力资源活动管理者的主要职责是负责组织对人力资源发展、劳动用工、劳动力利用程度指标计划的拟订、检查、修订及执行；同时负责制定公共部门人事管理制度，设计出合理的人事管理工作程序，研究、分析并提出改进工作意见和建议。人力资源活动管理者需要建立人事档案资料库，规范人才培养、考查、选拔工作程序，严格遵守《中华人民共和国劳动法》及地方政府劳动用工政策；负责对员工劳动保护用品的定额和计划管理工作。人力资源活动管理者要积极组织岗前培训以及技能、业务方面的专业知识培训，重视专业技术知识与综合管理知识相结合的交叉教育，完善培训模式及体系。

第四节　公共人力资源管理的基本制度

本节将对我国的公务员制度、事业单位人事制度进行介绍，以便对现代公共部门人力资源管理的基本制度有所了解。

一、公务员制度

我国的公务员制度是在替代我国干部人事制度的基础上建立起来的。随着我国改革开放的深入推进，公共部门的改革尤其是人事制度的改革也在不断推进。为保证机关工作人员精干、稳定、廉洁，形成强有力的、高效能的机关工作系统，卓有成效地管理国家公共事务，促进社会主义市场经济建设，我国在学习西方现代公务员制度优点的基础上，探索建立起符合我国政治体制和社会发展阶段的公务员制度。1993年，《国家公务员暂行条例》的出台，标志我国已经确立并实施了公务员制度。2006年1月1日《中华人民共和国公务员法》正式实施，这是我国公务员管理科学化、法治化的里程碑。2019年12月23日，中共中央组织部根据《中华人民共和国公务员法》等有关法律法规制定了《公务员范围规定》，这为明确公务员范围，规范公务员管理，建设信念坚定、为民服务、勤政务实、敢于担当、清正廉洁的高素质专业化公务员队伍提供了有力支持。

（一）公务员的定义及范围

《中华人民共和国公务员法》中规定公务员是指"依法履行公职、纳入国家行政编制、由国家财政负担工资福利的工作人员"。

《公务员范围规定》明确规定了列入公务员范围的工作人员必须同时符合下列条件：依法履行公职、纳入国家行政编制、由国家财政负担工资福利。同时，规定了下列机关中除工勤人员以外的工作人员列入公务员范围：中国共产党各级机关、各级人民代表大会及其常务委员会机关、各级行政机关、中国人民政治协商会议各级委员会机关、各级监察机关、各级审判机关、各级检察机关、各民主党派和工商联的各级机关。

（二）公务员制度的特点

我国公务员制度的建立虽然借鉴了西方国家公务员制度的一些合理因素，但由于我国的社会政治背景与西方国家不同，所以我国的公务员制度也显示出自己的特点。

1.我国公务员的分类管理方式与西方国家不同

分类管理是现代公务员制度的共同原则，但西方国家的具体做法：一方面，在政务官和事务官之间进行严格的区分，即所谓"两官分途"，政务官强调"政治化"，事务官强调"职业化"，两者之间相互不能转任；另一方面，在事务官的分类中，多以职位分类为主。我国公务员没有西方意义上的严格的"政务官"和"事务官"的区分，而是采用了"领导职务"和"非领导职务"两个序列的划分。此外，我国政府组成人员和非政府组成人员虽然在产生方式上不同，但他们在政治上都要接受党的领导，与党中央保持一致，他们之间也可以根据需要互相转任。

2.我国公务员的考试录用范围与西方国家不同

西方国家的考试录用方式适用于所有事务类公务员，也就是说所有事务类公务员都必须通过考试并取得合格证书才能被录用为公务员，考试录用是进入事务类公务员队伍的主要途径。在我国，进入公务员队伍有多种方式。非领导职务的公务员主要通过公开考试方式录取，而担任领导职务或者副调研员以上及其他相当职务层次的公务员，则可以从国有企事业单位、群众团体中从事公务的人员中调任。

3. 我国对公务员的政治要求与西方国家不同

西方国家为了避免多党政治给政府管理工作带来不利影响，对事务类公务员提出了"政治中立"要求，限制他们参加党派之间的政治活动，要求他们在公务活动中不得带有党派的政治倾向。我国的公务员制度是在党的组织路线和干部策略指导下确立的，是党的干部路线的重要组成部分。公务员必须坚持党的基本路线，必须执行党的路线、方针和政策；公务员中的党员必须参加党的组织生活，执行党的决议，遵守党的纪律，发挥党员的模范带头作用。

4. 我国公务员的管理体制与西方国家不同

西方国家公务员管理"不受政党干涉""与党派政治脱钩"，是独立于党派之外的政府人事管理系统，任何党派不得直接管理公务员。我国公务员的各项具体管理制度是按照党的干部路线、方针、政策来制定的。这种管理体制体现了党的领导与法治管理相结合的原则。此外，我国的公务员制度不区分政务官和事务官。公务员系统划分为政府组成人员和非政府组成人员，领导职务序列与非领导职务序列，他们的产生虽然有所不同，但所有公务员不论职务高低，都是人民公仆，他们之间可以根据需要相互转任，管理体系有较大的开放性。

（三）公务员管理制度

《中华人民共和国公务员法》是以《国家公务员暂行条例》的基本框架为蓝本的，但在若干管理环节以及运行机制方面有所改变、有所突破、有所创新。《中华人民共和国公务员法》关于公务员管理的制度主要如下。

1. 分类制度

分类管理是对公务员实施科学管理的基础与前提，进行分类管理有利于建立科学的、合理的人事管理制度。职位分类的依据是工作性质、难易程度、责任轻重和所需资格条件。与《国家公务员暂行条例》相比，《中华人民共和国公务员法》在公务员分类管理的制度设计方面迈出了比较大的步伐。

(1) 关于类别划分

在职务分类上,《中华人民共和国公务员法》从综合管理类中分离出专业技术类、行政执法类、法官、检察官等职位类别,从而为结束单一化的公务员管理模式,更好地对不同类别公务员进行分类管理奠定了基础。

综合管理类职位是指机关中除行政执法类职位、专业技术类职位以外的履行综合管理以及机关内部管理等职责的职位。

专业技术类职位是指机关中履行专业技术职责,为实施公共管理提供专门的技术支持与保障的职位。与其他类别职位相比,专业技术类职位具有下列三个特征:一是只对专业技术本身负责,具备纯技术性。专业技术类公务员在自己的专业岗位上,只对专业技术业务本身负责,一般不直接参与公共管理,不具备行政决策权。个别属于例外。二是低替代性。专业技术类职位与其他职位之间的替代性不强,应尽量避免跨类别的人员流动,专业技术类公务员交流应以相同或相近岗位的交流为主。三是技术权威性。专业技术类公务员提供的技术结论不受行政领导干预,不因行政领导意志的改变而受影响。但这种权威性仅体现在技术层面,为行政领导决策提供参考和支持,最终的行政决策权仍属于行政领导。对于根据技术结论所建议的方案,行政领导可结合其他因素作出自己的选择。专业技术类职位的以上特点,决定了专业技术类公务员必然是一支"少而精"的队伍。

行政执法类职位是指政府部门中直接履行行政监管、行政处罚、行政强制、行政稽查等现场执法职责的职位。与政府机关的综合管理类、专业技术类职位相比,行政执法类职位具有下列特点:一是纯粹的执行性,与综合管理类相比,其只有对法律的执行权,而无解释权,出现纠纷时不具备裁定权;二是现场强制性,与专业技术类职位相比,其可依照法律、法规直接对具体的管理对象进行监管、处罚、强制和稽查。行政执法类职位只存在于部分行政机关,且只存在于这些行政机关中的基层行政机关。

(2) 关于职务设置

根据公务员承担职责的性质,公务员的职务可分为"领导职务系列"与

"非领导职务系列"两种类型。只有领导职务系列的公务员才负有行政领导职责，非领导职务系列的公务员只承担岗位职责。

（3）关于级别设置以及与职务的对应关系

公务员的级别应根据所任职务及其德才表现、工作实绩和工作年限确定。级别不仅是不同类别公务员利益平衡比较的统一坐标系，还是公务员职业发展的重要台阶，是确定公务员工资待遇及其他待遇的重要依据。同时，按照职务与级别相结合的原则，以"倾斜基层"为导向，加大职务层次与级别的交叉对应幅度，而且职务层次越低，与级别的交叉对应幅度越大，从而为公务员特别是广大基层公务员提供更大的职业发展空间。

2.更新机制

更新机制是保证和不断提高公务员素质水平的一项非常重要的机制，包括录用、职务任免、培训、交流、辞职辞退、退休、职位聘任等多项制度。

（1）录用制度

①录用的适用范围及方法。加大"凡进必考"的落实力度，严把进入公务员队伍的录用"门户"，从源头上把住公务员的素质能力关。凡是录用主任科员以下及其相当职务层次的非领导职务公务员，必须采取公开考试、严格考察的办法，择优录取。

②录用的原则及标准。全面落实公开、公平、竞争、择优的管理原则，保证公务员职位的公共性。凡是中华人民共和国公民，只要符合规定的条件，都有平等的权利和机会报名参加考试；报考者能否被录用，取决于本人的政治、业务等素质，机关根据报考者的考试成绩和考核结果，择优录用。德才兼备是必须坚持的录用标准，既要注重报考者的政治思想、道德品质，又要注重报考者的文化知识水平和业务能力。

③录用的主管机关。中央机关及其直属机构公务员的录用工作，由中央一级公务员综合管理部门负责。地方各级机关公务员的录用工作，由省级公务员综合管理部门负责，必要时省级公务员综合管理部门可授权设区的市级公务员

综合管理部门负责。

（2）职务任免制度

职务任免是任职与免职的统称。公务员职务任免制度就是公务员任用方式、任免机关、任免权限、任免程序、任免情形等方面的规定和规范。职务任免的实质是职务管理，就是确认机关与公务员的某种职务关系。公务员职务任用的形式如下：一是选任制，即经过选民和人大代表选举产生而任职的；二是委任制，即通过立法机关或行政机关任命而任职的；三是考任制，即通过法定的录用考试结果而任职的；四是聘任制，即按照合同选聘任职的。公务员免职的主要条件如下：转换职位离职的；晋升或降低职务的；任期已满，不再连任的；非公派离职学习期限超过一年的；因健康原因不能坚持正常工作一年以上的；退休的；因其他原因职务发生变化的。

（3）培训制度

公务员的培训是指机关为适应国家发展战略和公务员职业发展需要，按照职位的要求，有计划、有组织地为提高公务员政治和业务素质进行的教育、训练活动。公务员培训的类型包括：一是对新录用人员在试用期内进行初任培训；二是对晋升领导职务的公务员在任职前或任职后一年内进行任职培训；三是对从事专项工作的公务员进行专门业务培训；四是对全体公务员应当进行旨在更新知识、提高能力的在职轮训。公务员培训的结果作为公务员考核的内容和任职、晋升的依据之一。

（4）交流制度

公务员交流，是指机关根据工作需要或公务员个人的愿望，通过法定形式，变换公务员工作岗位，从而产生、变更或消灭公务员职务关系或工作关系的一种人事管理活动与过程。交流是公务员管理制度的重要环节。建立公务员交流制度，标志着公务员管理系统更加灵活和开放，体现了公务员管理体制的生机和活力。公务员交流具有法定的形式，即调任、转任、挂职锻炼三种。公务员交流的范围，既包括机关内部的交流，也包括与国有企事业单位、人民团体和群众团体中从事公务的人员的交流。公务员交流的原则包括依法有序原则、因才适用原则、适当照顾公务员切身利益原则。

(5) 辞职辞退制度

辞职辞退制度有利于促进人才有序流动和合理使用,优化人才资源配置,有利于提高公务员队伍的整体素质。

辞职包括公务员辞去公职及辞去领导职务。辞去公职,是指公务员根据本人意愿,依法辞去所任职务,并解除与机关的全部职务关系,丧失公务员身份。辞去领导职务,是指担任领导职务的公务员依法向任免机关申请不再担任所任的领导职务,不丧失公务员身份,可按照规定另行任职,包括因公辞职、自愿辞职、引咎辞职和责令辞职。辞退是指机关依照法律规定的条件,通过一定的程序解除与公务员的全部职务关系,被辞退公务员离开机关并丧失公务员身份。辞职和辞退都是终止公务员与国家行政机关任用关系的行为。辞职是为了保障公务员的职业选择权,而辞退是为了保障机关的用人权。

(6) 退休制度

公务员退休,是指公务员达到法定退休年龄、为国家服务达到一定工作年限或者丧失工作能力,依法办理手续,退出公务员队伍,由国家给予生活保障,并给予妥善安置与管理。退休既是公务员权利,又是公务员的义务,建立和规范公务员退休制度,从法律上对公务员老有所养的权利予以保障,同时督促公务员必须履行退休义务,发挥退休制度"出口"管理和新陈代谢的作用。

(7) 聘用制度

聘用制度,一般称聘用制,是指针对专业性较强和辅助性职位,参照公务员考试录用的程序进行公开招聘,或从符合条件的人员中直接选聘任职的,实现合同管理。聘用制是一种贴近市场机制的行政公务人员管理制度,其核心是根据合同对公务员进行管理。在传统的公务员任用制度之外增设聘任制,主要有三种考虑:一是与部分政府工作的阶段性与周期性相适应,增加政府部门对人力资源的弹性管理;二是增强公务员的危机感和责任感,激发公务员队伍的活力；三是通过市场化的价格而不是普通公务员的福利待遇来吸引专业性较强的专门人才，如国际金融管理、信息技术管理、外经外贸管理等人才。

聘任制适当引入市场机制，赋予了机关和公务员双方协商的权利，更好地发挥了机关和公务员的积极性。它在一定程度上弥补了委任制的不足，有利于消除公务员系统能进不能出、缺乏活力等负面影响，激活公务员队伍。它与传统的公务员制度相辅相成、并行发展，成为公务员的一种任职方式。

3.激励机制

激励机制是激励公务员的工作动力，提高其积极性的一种重要机制，其主要包括考核、职务升降、奖励、工资、保险、福利等制度。

（1）考核制度

公务员考核制度是指公务员主管部门和各机关按照公务员管理的有关法律，对所属公务员的思想品德、工作成绩、工作能力和工作态度等方面进行的定期和不定期的考核评价。公务员考核是公务员管理的基础环节。公务员考核的内容包括德、能、勤、绩、廉五个方面，考核重点是在全面实施考核的基础上，着重考核工作实绩。公务员考核的方式分为平时考核和定期考核。公务员考核的等级分为优秀、称职、基本称职、不称职四个等次，通过加大考核的区分度，着力解决考核实践中存在的"称职大平台"问题。公务员考核的结果，作为调整公务员职务、级别、工资以及对其进行奖励、培训、辞退的依据。

（2）职务升降制度

职务升降是指根据行政机关工作需要和公务员的工作实绩，依法提高或降低公务员职务的行为。职务升降包括职务的晋升和降职。职务升降是公务员管理中的关键环节和重要内容，是选贤任能的重要手段，是形成竞争激励机制，促进公务员能上能下，保持公务员队伍的生机和活力的主要途径。公务员职务晋升的方式包括：非领导职务实行内部晋升方式，有利于鼓励公务员勤奋工作，起到稳定队伍的作用；部分领导职务采取公开选拔、竞争上岗的晋升方式，有利于引入竞争机制，打破论资排辈的陈规，拓宽用人渠道，促进具有领导才能的优秀人才脱颖而出。降职是一种任用行为，不属于惩戒行为。公务员在定期考核中被确定为不称职的，按照规定程序降低一个职务层次任职。实行公务员降职制度，是我国公务员管理制度改革的重要内容，是对原制度中能升不能降的弊病的改革。

（3）奖励制度

公务员的奖励制度，是机关对在工作中有显著成绩和贡献，或者有其他突出事迹的公务员或者公务员集体给予一定的精神和物质奖励以示鼓励的制度。公务员奖励既注重奖励个人，也注重奖励集体；既注重定期，又注重及时；既以精神奖励为主，又要与物质奖励相结合。对公务员进行奖励，对激励公务员奋发向上、尽忠职守具有重要的示范作用。

（4）工资、福利与保险制度

工资、福利与保险制度是公务员的基本保障制度。工资是劳动者根据其劳动成果以货币形式表现的收入。公务员实行职务和级别相结合的基本工资制度，其工资结构由基本工资（职务工资、级别工资）、津贴、补贴和奖金组成。级别与待遇适当挂钩，实行向基层公务员倾斜的政策，这有利于确立公务员"职务晋升"与"级别晋升"的双梯制。福利是指机关为改善和提高公务员物质文化生活水平而采取的一些措施或提供的待遇。公务员福利制度是机关工资分配制度的重要补充，具体内容主要包括工时制度、休假制度、优待制度和其他福利制度。保险是劳动保险的一种，即国家对因生育、年老、疾病、伤残和死亡等原因，暂时或永久丧失劳动能力的公务员给予物质保障。工资、福利与保险制度具有保障、激励和调节功能。

4.监督机制

公务员的监督机制渗透在人事行政的各个管理环节。对公务员行为进行法律监督，旨在实现公务员权利与义务的平衡。公务员监督机制包括义务与权利、惩戒、回避、申诉控告与仲裁、法律责任等制度。

(1) 义务与权利

公务员的义务,就是国家法律对公务员必须做出一定行为或不得做出一定行为的约束和强制,即公务员的义务包括作为的义务和不作为的义务。公务员的权利,就是国家法律对公务员在履行职责、行使职权、执行国家公务的过程中,可以做出某些行为,要求他人做出某些行为或抑制某些行为的许可和保障。公务员必须认真履行义务,否则就要受到纪律处分和法律制裁;公务员的权利必须得到合法保护,否则,只能够依法得到救济。

(2) 惩戒制度

公务员的惩戒制度是指对玩忽职守、违法乱纪的公务员给予惩罚或处分的一种制度。惩戒包括两方面的内容,即公务员应遵守的纪律和违反纪律应受到的行政处分。公务员应遵守的纪律包括政治纪律、组织纪律、工作纪律、生活纪律等方面。公务员违反纪律受到的行政处分包括警告、记过、记大过、降级、撤职、开除六种类型。制定公务员的惩戒制度,对于加强行政机关公务员队伍的建设,改进机关工作作风,遏制政府机关中的腐败现象,促进行政机关的廉政勤政建设,具有重要作用。

(3) 回避制度

公务员回避制度是指通过对公务员所任职务、执行公务和任职地区等方面作出限制性规定,减少因人为因素对工作的干扰,保证公务员公正廉洁地执行公务的法律制度。公务员回避包括职务回避、公务回避、地区回避三种类型,三者的有机结合构成一个完整的回避制度。建立和完善公务员回避制度,对促进机关廉政建设,帮助公务员摆脱各种亲属关系的羁绊,公正履行职责,提高工作效率,有积极的促进作用。

(4) 申诉控告制度

公务员的申诉是指公务员对机关作出的涉及本人权益的人事处理决定不服,依法要求法定机关重新处理的法律活动。公务员控告是指公务员对机关及其领导人在职权活动中侵犯其合法权益的行为向上级机关或纪检、监察机关提出的指控。申诉与控告都是维护公务员合法权益的法律监督手段，但申诉的目的是及时修正机关的不当人事管理行为，控告属于制止和惩罚机关及其领导人的违纪违法行为。公务员申诉控告制度对加强机关廉政建设，反对官僚主义，防止滥用人事管理职权，维护公务员和机关的合法权益，提高行政效率，保持公务员队伍的稳定，都具有重要作用。

（5）法律责任

公务员及其机关应该承担的法律责任包括：责任人主体承担的受到批评或行政处分的行政法律责任；恢复名誉、赔礼道歉、消除影响等民事法律责任；赔偿损失等经济法律责任；刑事法律责任。

（四）公务员制度的优化和完善

我国公务员制度形成于市场经济改革初期，政府是经济的绝对主导力量，时至今日，市场力量日益强大，政府也逐渐从权力型政府向服务型政府转型，因此完善公务员制度，既要充分总结 2006 年《中华人民共和国公务员法》实施以来的经验教训，又要密切关注当代新公共管理理论的发展以及我国全面深化改革大背景下公共部门改革的需要，考虑数字时代公共人力资源管理的新特征。

1. 以结果换取权限下放，稳步改革人事管理体制

西方多数国家普遍下放公务员管理权限，以增强地方与部门人才资源开发的积极性、主动性及灵活性。我国公务员管理体制也有下放公务员管理权限的压力，既存在管理权限过于集中的弊端，又面临公务员管理机关权威不够的难题。因此，比较现实的做法是"以绩效换放权"，当然，这样的做法还必须与我国行政体制改革尤其是部门设置的改革相结合，撤县设区、撤县设市、纵向直管都是这种改革的体现。

2. 兼顾品位分类的合理因素，创新公务员分类管理制度

我国从党、政、企、事、群几大系统干部队伍中，逐步分离出公务员队伍，

它从根本上改变了用单一模式管理所有"国家干部"的状况，是探索科学的人事分类管理制度的重要开端，但我国现行公务员制度的一个突出问题是，公务员内部没有按照职位性质和特点进行分类，所有的公务员都要适应一套职务系列，实行一种管理方法。这种单一管理模式，难以提高公务员队伍的专业化及科学管理水平。在此背景下，划分职位类别是我国公务员分类管理的突破口。2016年4月18日，中央全面深化改革领导小组（2018年已改为中央全面深化改革委员会）第二十三次会议通过了《专业技术类公务员管理规定（试行）》和《行政执法类公务员管理规定（试行）》。会议指出，深化公务员分类改革，加快建立专业技术类、行政执法类公务员管理制度。要着眼于提高管理效能和科学化水平，确立体现工作性质和职位特点的职业发展通道，分类录用、分类考核、分类培训，突出对公务员特别是基层公务员的持续激励，更好地调动公务员的积极性。

3.慎重探索公务员任用制度，完善常任制与聘任制相结合的制度

20世纪80年代以来，西方公务员制度借鉴现代企业对从业人员进行合同管理的经验，越来越多地采用聘任制公务员，出现了一种淡化职业化、强调专业化的发展趋向。但我国公务员管理的"进口"依然不严，"出口"依然不畅。因此，现阶段我国也需要增强对公务员的弹性管理，增强公务员队伍活力，吸引专门人才。为此，可以采取一些较为灵活的做法，如保持行政职位和行政岗位的公共性、开放性和流动性，留出一定比例的高级职位或低端辅助性职位实行聘用制。但在扩大聘任制公务员范围这个问题上，我们应格外慎重，职务常任毕竟是公务员制度的本质特征之一。我国实施公务员制度毕竟只有三十余年时间，没有公务员的职业化，就没有专业化，职业化是专业化的前提。应强调常任制是我国公务员最基本的任用制度，聘任制只处于辅助性、从属性的地位。

4.完善公务员职务和级别相结合的制度，创新激励保障制度

《国家公务员暂行条例》规定了公务员职务与级别的对应关系，共分为12个职务层次与15个级别，职务层次与级别之间有一定的交叉对应关系，体现

了不能升职务可以升级别的初衷。但"依职定级"的色彩仍然很重，级别晋升主要是依靠职务晋升。级别太少，不利于发挥级别的激励功能，难以调动中低层公务员的积极性。我国绝大多数公务员的职务层次在科级以下，在晋升渠道过于单一的状况下，中低层公务员的积极性很难调动起来。因此，在职务晋升之外，寻找适合广大公务员的晋升渠道与职业发展的阶梯，是创新激励机制的重点所在。创新我国公务员激励保障制度的基本思路：增加级别，由原来的 15 级增加到 27 级，并完善级别功能，逐步走出一条职务晋升与级别晋升的"双梯制"。级别既是衡量不同类别、不同职级公务员贡献的一个标尺，又是公务员职业发展阶梯中晋升的方式，还是确立公务员工资的重要依据。

5.强化责任追究制度，完善监督机制

1993 年以来，国家已经颁布实施了与《国家公务员暂行条例》相配套的 37 项单项制度，公务员管理环节基本上能做到有章可循、有法可依。干部人事监督机制开始发挥作用。但有些运作不规范，公务员的权利未能得到有效保护。1995 年至 1999 年，各级人事部门受理公务员申诉案件 287 件，其中，只有 20% 的申诉控告处理决定被撤销或被建议撤销。我国既要加强对公务员的管理和监督，实现公务员权利与义务的平衡；又要进一步保护公务员的合法权益，特别是要强化责任追究制度，遏制用人腐败现象，改革和完善公务员监督机制。

二、事业单位人事制度

事业单位人事制度是与我国经济体制、政治体制和干部管理体制相联系、相适应的。中华人民共和国成立以来，在建立高度集中的计划经济体制和干部管理体制的过程中，逐步形成了一套以管理党政机关干部的模式管理事业单位工作人员的人事管理制度。截至 1993 年，我国并不存在独立的事业单位人事制度，事业单位人事制度与机关单位人事制度同属于机关事业单位人事制度。1993 年，国家开始推行公务员制度，事业单位人事制度才成为相对独立的人事制度。2014年《事业单位人事管理条例》的出台和实施标志着事业单位工作人员的"铁饭碗"被打破，我国事业单位人事制度改革和建设进入新的历史发展阶段。

（一）事业单位的概念及特点

1.事业单位的概念

事业单位是一个有着鲜明中国特色的概念，是我国特有的提法，产生于中华人民共和国成立之初。随着事业单位的不断发展，我国对事业单位范围的界定也在不断变化，对事业单位概念的界定，存在着多种说法。根据2004年6月27日国务院发布的《事业单位登记管理暂行条例》，事业单位是指"国家为了社会公益目的，由国家机关举办或者其他组织利用国有资产举办的，从事教育、科技、文化、卫生等活动的社会服务组织"。按此规定，本书所称事业单位，仅指国有事业单位即全民所有制事业单位。

2.事业单位的特点

事业单位是我国各类组织类型中仅次于企业单位的第二大类组织类型。从总体上看，事业单位具有非政府机关、非营利特征。与机关单位和企业单位相比，事业单位具有以下特点：

第一，事业单位不代表国家行使行政权力，不具有行政职能（不包括法律、法规授权的具有公共事务管理职能的事业单位）。

第二，事业单位通常以社会公益为主要发展取向，具有社会和经济双重属性，需兼顾社会和经济双重效益。

第三，事业单位一般以脑力劳动者为主体，是人才、知识密集程度较高的社会组织，其劳动成果一般是知识和精神产品。

第四，事业单位门类繁多，情况复杂，既有社会公益性事业单位，又有经营开发性事业单位；既有全额拨款、差额拨款的事业单位，又有自收自支、企业化管理的事业单位；既有党政机关举办的事业单位，又有社会力量举办的事业单位；既有数万人的大型事业单位，又有几个人的小型事业单位。事业单位可谓人员多、门类广、跨度大。

事业单位的这些特点，要求我们在推进事业单位人事制度改革时，必须从我国事业单位的实际情况和基本特点出发，对不同类型的事业单位，逐步研究、探索出科学分类的改革和管理办法，逐步建立符合各类事业单位特点的人事管理制度。

（二）事业单位人事制度存在的问题

1993年，我国事业单位人事制度正式建立以来进行了许多改革，如扩大单位用人自主权，实行专业技术职务职称制度，专业技术职务评聘分开、建立辞职辞退制度、改革工资分配制度等，初步形成了具有中国特色的事业单位人事制度。这种人事制度对我国经济、科技、教育和文化的发展，曾有一定的积极作用。但是，这种改革在总体上是不够彻底和全面的，经过改革后的事业单位人事制度仍然具有以下问题：

一是独特的公职制度，即不属于公务员，但又占用事业编制、享受财政供养，是一种不同于公务员制度的特殊的公职制度。

二是整体因袭与局部改革并存，没有从根本上改变事业单位人事制度的基础，符合各类事业单位特点的人事管理制度还没有完全建立起来，有效的竞争激励机制和自我约束机制还很不健全，能上能下、能进能出的用人机制还没有形成。

三是旧的弊端尚未根除，新的问题不断产生。例如，事业单位缺乏用人自主权、缺乏科学分类、管理手段落后、管理机制缺乏活力等弊端依旧存在，而社会转型过程中的人员数量增长过快、收入差距加大、人员分流不畅、社会保障体系不健全等问题又凸显出来。

当前，我国改革开放和现代化建设事业已经进入一个新的历史时期，经济体制改革不断深入，科技、教育、文化、卫生体制改革日益深化，党政机关干部制度改革和企业人事制度改革全面展开。所有这些，都要求把加快推进事业单位人事制度改革作为促进国家整体改革和发展的一项重要而紧迫的任务。

（三）事业单位人事制度改革

事业单位是我国各类人才的主要集中地，是增强我国综合国力的重要领域，是实施科教兴国战略的重要阵地。搞好事业单位人事制度改革，对建设高素质、社会化的专业技术人员队伍，推动经济发展和社会全面进步，实现我国改革开放和现代化建设的宏伟目标都具有十分重要的意义。

1. 事业单位人事制度改革的基本思路

事业单位人事制度改革的基本思路是按照"脱钩、分类、放权、搞活"的路子，改变用管理党政机关工作人员的办法管理事业单位人员的做法，逐步取消事业单位的行政级别，不再按行政级别确定事业单位人员的待遇；根据社会职能、经费来源的不同和岗位工作性质的不同，建立符合不同类型事业单位特点和不同岗位特点的人事制度，实行分类管理；在合理划分政府和事业单位职责权限的基础上，进一步扩大事业单位的人事管理自主权，建立健全事业单位用人方面的自我约束机制；贯彻公开、平等、竞争、择优的原则，引入激励机制，通过建立和推行聘用制度，搞活工资分配制度，建立充满生机的用人机制。制度创新与配套改革能充分调动各类人员的积极性和创造性，促进优秀人才成长，增强事业单位活力和自我发展能力，减轻国家财政负担，加速高素质、社会化的专业技术人员队伍建设。

2. 事业单位人事制度改革的主要内容

（1）在用人制度上全面推行聘用制度

破除干部身份终身制，引入竞争机制，在事业单位全面建立和推行聘用制度，把聘用制度作为事业单位一项基本的用人制度。所有事业单位与职工都要按照国家有关法律、法规，在平等自愿、协商一致的基础上，通过签订聘用合同，确定事业单位和个人的人事关系，明确事业单位和个人的义务和权利。建立和推行聘用制度，可实现事业单位用人的公开、公平、公正，促进事业单位自主用人，保障职工自主择业，维护事业单位和职工双方的合法权益。

（2）在人员引进上，实行公开招聘和考试的制度

对缺编人员，一律参照招录公务员的办法，做到凡进必考，按岗位要求，通过规定程序，坚持"公正、公平、择优"的原则，面向社会公开招聘。除公开招聘外，因保密不宜公开招聘的职位或因专业特殊难以形成竞争的职位，由组织人事部门核准，进行个别选考。招聘事业单位领导职位和高层次紧缺人才，可以采取选聘的方式，直接考核聘用。要制定具体的招聘考试办法，从制度上规范事业单位选人、用人的程序，避免通过各种非正当途径向事业单位安排人员的现象。

（3）在人员管理上，推行事业单位内部的岗位管理

①建立符合事业单位性质和工作特点的岗位管理制度。遵循按需设岗、精简效能、结构合理、依法管理的原则，在界定职能、核定编制、裁减冗员的基础上，科学合理地设置岗位，实行岗位管理。对专业技术岗位，坚持按照岗位要求择优聘用，逐步实现专业技术职务的聘任与岗位聘用的统一，强化并完善专业技术职务聘任制度。对管理岗位，建立体现管理人员的管理水平、业务能力、工作业绩、资格经历、岗位需要的等级序列，推行职员制度。对工勤岗位，建立岗位等级规范，规范出勤人员"进、管、出"等环节的管理办法。

②实行全员竞聘上岗。彻底打破传统的职级观念，在科学设岗的基础上，按照"公开、平等、竞争、择优"的原则，根据人员履行职责能力对照岗位要求和任职条件，每1~2年实行一次全员公开选拔，竞争上岗、按岗聘任，可低职高聘、高职低聘，也可试聘、缓聘、待聘，努力做到"能者上、平者让、庸者下"，为实现人尽其才、才尽其用提供制度保障。事业单位领导任用，改变单一的委任制，在坚持党管干部原则和严格干部管理权限的前提下，结合单位的实际情况，按规定的程序，采取竞争择优、招标聘任和选举聘任等多种形式予以聘用，实行任期制；一般管理、技术岗位和工人岗位全面实施竞争、双向

选择上岗，签订聘用合同。对于紧缺的特殊人才，实行重点倾斜，但特殊人才的认定必须以其成果为主要依据，可以一人一策，签订聘用合同。

③建立形式多样、自主灵活的分配激励机制。贯彻按劳分配与按生产要素分配，效率优先、兼顾公平的分配原则，扩大事业单位内部分配自主权，逐步建立重实绩、重贡献，向优秀人才和关键岗位倾斜，形式多样、自主灵活的分配激励机制。全面深化分配制度改革，逐步建立符合各类事业单位特点、体现岗位绩效和以岗位绩效工资为主体，分级分类管理的事业单位薪酬制度。加强对事业单位工资总量的调控，在事业津贴全面实行考核发放的基础上，加大浮动工资比例，彻底打破"铁饭碗"。落实特殊人才特殊分配、优秀人才优厚待遇的政策，对关键岗位特殊人才实行协议工资制，事业单位主要领导试行年薪制，提倡科技成果、技术、管理、信息等生产要素参与分配，鼓励实行自带成果参股、无形资产配股等股权激励机制。

（4）在人员解聘上，实行解聘辞聘制度

建立与聘用制度相配套的、保证人员正常流动的解聘辞聘制度。事业单位可按照聘用合同解聘职工，职工也可按照聘用合同辞聘。解聘辞聘制度，有助于疏通事业单位人员的出口渠道，增加用人制度的灵活性。

（5）建立宏观管理、政策监管和个案争议处理相结合的监管机制

加强对事业单位人事工作的监督，要保障单位和职工的合法权利，保证事业单位在国家法律、法规规定的范围内行使用人自主权；建立健全事业单位人事工作的宏观管理制度，对主要靠财政拨款的事业单位要建立健全工资调控体系，建立涉及人员总量、结构比例、收入分配的宏观调控体系；做好事业单位人事争议的处理工作，要积极开展人事仲裁工作，及时受理和仲裁人事争议案件，切实维护用人单位和职工双方的合法权益。

第五节　公共人力资源管理的历史演变及发展趋势

一、公共人力资源管理的历史演变

(一) 早期公共人力资源管理

1.起源和发展背景

公共人力资源管理起源于 19 世纪的欧洲，当时随着工业革命的兴起和国家的现代化，政府需要管理大量的公共事务和公务员，于是出现专门负责公务员招聘、培训、晋升等事务的机构和制度。这个时期的管理模式主要是以传统的官僚制为基础，强调等级、权威和秩序。

2.特点

这一时期公共人力资源管理的特点是以"人事管理"为核心，强调公务员的秩序、纪律和稳定性。管理方式比较简单，主要是以人事档案为管理依据，公务员的选拔、晋升和奖惩等都依据一定的规则和程序进行。此外，这一时期的公共人力资源管理还强调公务员的职业化和专业化，以确保他们具备必要的技能和知识。

3.重要事件

这一时期的重要事件包括英国《公务员法》的制定和实施，以及美国联邦政府《彭德尔顿联邦文官法》的通过。这些法律为公务员的管理和选拔提供了法律依据，标志着公共人力资源管理的制度化和规范化。此外，这个时期还出现了专门的公务员培训机构，这为公共部门管理人员的职业发展提供了重要支持。

（二）现代公共人力资源管理

1.发展背景

20世纪中期，社会、经济和政治环境发生巨大变化，公共人力资源管理也发生了巨大变化。一方面，随着经济的发展和科技的进步，政府需要处理的事务变得更加复杂，这要求公共部门管理人员具备更高的专业知识和技能。另一方面，公民对公共服务的需求也在不断增长，要求政府提供更加高效、透明和负责任的服务。此外，政治环境的变化，如民主化进程的推进，也对公共人力资源管理提出了新的要求。

2.特点

现代公共人力资源管理的特点主要包括：人事管理转变为人力资源管理，强调人力资源的开发，重视激励和战略管理；重视公共部门文化的建设，强调团队合作、创新，倡导服务导向；引入现代人力资源管理理论和方法，如绩效管理、员工培训和发展、薪酬设计等；加强公共部门与私营部门的合作与交流，推动公共部门的人力资源管理创新。

3.重要事件

这一时期的重要事件包括：公共人力资源管理专业的兴起和发展，为公共部门的人力资源管理提供了专业的人才和技术支持；公务员制度的进一步改革和完善，如美国公务员制度的改革、英国公务员制度的现代化等；公共部门绩效管理的推广和应用，推动了公共服务的效率和质量提升；全球公共人力资源管理网络的形成和发展，加强了国际合作与交流，推动了公共人力资源管理的创新和发展。

（三）全球化时代的公共人力资源管理

1.发展背景

全球化给公共人力资源管理带来了深远的影响。首先，全球化加速了人才流动，使得公共部门需要吸引和留住国际优秀人才以应对日益复杂的公共事务。其次，全球化推动了公共部门与其他部门的合作，需要公共人力资源管理更加注重跨部门、跨领域的协作。此外，全球化也带来了文化多样性和员工多元化的问题，需要公共部门更加注重员工文化背景的差异性。

2.特点

在全球化的背景下，公共人力资源管理呈现出以下特点。

（1）具备国际视野

公共部门需具备国际视野，关注全球公共治理和国际合作，以应对全球性的挑战。

（2）实施多元文化管理

公共部门需要尊重和包容不同文化背景下的员工，促进多元文化的交流，以提升跨文化组织员工的工作能力和服务水平。

（3）参与全球人才竞争

公共部门需要积极参与全球人才竞争，吸引和留住国际优秀人才，同时关注员工的职业生涯发展。

（4）标准化与规范化管理

公共部门需要制定和实施国际化的管理标准和质量规范，提高公共服务的水平和质量。

3.重要事件

全球化背景下，公共人力资源管理发展历程中的重要事件包括：国际公共人力资源管理组织的成立和发展，如国际公务员制度委员会（ICSC）和国际人力资源管理协会（IPMA-HR）等；国际公共人力资源管理项目的开展和合作，如全球公共人力资源管理能力建设、全球公共部门领导者培训项目等；国际公共人力资源管理标准的制定和实施，如联合国发布的《国际公务员行为标准》等；跨国人才流动计划的制订和实施，如全球人才吸引计划、国际公务员交流计划等。

二、公共人力资源管理的发展趋势

（一）重视战略性人力资源管理

随着公共部门对战略管理越来越重视，战略性人力资源管理成为当前公共人力资源管理的重要内容。一些部门开始将人力资源管理与组织战略相结合，将人力资源视为实现组织战略目标的核心资源。战略性人力资源管理强调对人力资源的规划、开发、评估和激励，以提升组织的绩效和公共服务质量。在实践中，公共部门开始注重员工的职业生涯规划、继任计划、能力开发等，以确保人力资源管理战略与组织战略的一致性。

另外，随着可持续发展理念深入人心，公共人力资源管理也面临着新的挑战和机遇。未来，公共部门将更加重视人力资源管理的可持续发展，将环保和社会责任纳入人力资源管理中，以推动组织的可持续发展。具体来说，公共部门需要关注员工的环保意识和行为，提供相关的培训和教育，培养员工的环保意识和社会责任感。同时，还要建立可持续的招聘和培养机制，吸引和留住具备可持续发展理念的优秀人才。此外，公共部门还要关注员工的工作生活和福利待遇，为员工提供健康、安全、有益的工作环境和生活条件。

（二）更加多元化，更有包容性

随着经济全球化进程的加快，公共人力资源管理更加多元化，更有包容性。公共部门需要吸引和留住来自不同背景、不同领域的优秀人才，以提升组织的多样性和创新能力。为了实现这一目标，公共部门需要建立多元化的招聘渠道、提供公平的晋升机会、创造包容的工作环境，以吸引和留住不同背景的员工。

(三) 注重知识管理和人才培养

在知识经济时代，知识管理和人才培养成为公共人力资源管理的重要内容。公共部门需要管理大量的知识资源，提升员工的知识水平和创新能力，以应对日益复杂的公共问题。为了实现这一目标，公共部门要建立完善的知识管理体系，提供更多的职业发展和培训机会，鼓励员工进行自主学习和创新。此外，公共部门还要建立有效的绩效评估体系，科学地对员工的知识和能力进行评估，为培养和发展人才提供依据。

另外，随着全球化进程的加速，人才流动成为公共人力资源管理面临的重大挑战。未来，公共部门需要更加关注人才流动的趋势，制定相应的人才战略，以留住优秀的人才。公共部门要树立开放的人才观，积极吸引国内外优秀人才参与公共事务的管理。同时，还要建立完善的人才流动机制，以吸引和留住人才。此外，公共部门还要关注人才的职业发展需求，提供广阔的发展空间，帮助人才实现个人价值。

(四) 注重绩效管理和激励

绩效管理和激励是未来公共人力资源管理的另一个重要内容。随着政府越来越重视公共服务，公共部门要建立有效的绩效管理体系，对员工的工作进行科学评估，并根据绩效评估结果为员工提供相应的奖励。注重绩效管理和激励的发展趋势强调以结果为导向，注重员工的个人绩效和团队绩效，倡导通过奖励和惩罚机制来激励员工提高工作效率和质量。为了实现有效的绩效管理，公共部门需要制定明确的绩效指标和标准，建立科学的评估体系，对员工的工作进行定期评估和反馈。同时，还要建立与绩效挂钩的激励机制，如薪酬机制、晋升机制等，以激发员工的工作积极性和创造力。

（五）更加智能化

随着科技的不断进步，数字化和智能化成为未来公共人力资源管理的重要趋势。数字化和智能化技术可以帮助公共部门实现更高效、更精准、更便捷的人力资源管理，提升组织的运营效率和公共服务质量。未来，公共部门将更加注重数字化和智能化技术的应用，建立完善的人力资源管理信息系统，实现人力资源数据的汇集和共享。通过数据分析和技术应用，公共部门可以对人力资源进行精准的管理，提高人力资源的配置效率。此外，数字化和智能化技术还可以帮助公共部门组建更灵活、高效的组织结构，以适应不断变化的社会和经济环境。

（六）重视员工关系和文化建设

员工关系和文化建设也是未来公共人力资源管理的重要内容。公共部门需要建立良好的员工关系，营造积极向上的工作氛围，以提升员工的工作满意度和忠诚度。同时，还需要注重组织文化建设，培育组织的共同价值观和行为准则，以增强组织的凝聚力和向心力。为了形成良好的员工关系和组织文化，公共部门需要关注员工的心理健康，重视工作压力管理，提供必要的支持和帮助。同时，还要建立有效的沟通机制，鼓励员工参与决策和管理，增强员工的归属感和责任感。此外，公共部门还要重视员工的职业发展和培训，提供必要的支持，帮助员工实现个人发展。

总之，随着社会的发展，公共人力资源管理也要不断创新，以适应时代发展的需求。具体来说，公共部门要及时更新人力资源管理理念，把传统的人事管理转变为现代化的人力资源管理。同时，还要建立科学的人力资源管理机制，以提升人力资源的使用效率。此外，公共部门还要积极探索新的管理模式和方法，提升组织的竞争力和创新能力。公共人力资源管理创新可推动组织的可持续发展，提高公共服务的质量和效率。这需要公共部门积极探索和实践，不断总结经验和教训，不断完善和创新人力资源管理模式和方法。

第二章　数字时代的公共人力资源管理

第一节　数字时代的特征

一、信息爆炸与数据驱动

在数字时代，信息爆炸已成常态。随着互联网、移动设备以及其他数字技术的普及，人们每天接收到的信息量远超过以往任何时期。这些信息不仅包括文字、图片，还包括视频、音频等。社交媒体、电子邮件、手机应用软件等都是信息传播的重要渠道。每个人都可以成为信息的生产者，这种用户生成内容的模式使得信息量呈指数级增长。

然而，信息爆炸也带来了新的挑战。如何在海量信息中筛选出真正有价值的内容，如何确保信息的真实性和准确性，成为数字时代的重要议题。数据驱动为我们提供了解决方案。通过对大量数据的分析，我们可以更好地理解用户需求，预测市场趋势，甚至推动产品和服务的创新。数据不仅是决策的依据，也是优化和改进的基础。

二、高度互联与全球化

数字时代打破了空间和时间的限制，使世界各地的人能更加便捷地进行交流和互动。无论是国际商务合作，还是日常生活中的社交活动，高度互联都将成为可能。同时，这种互联不仅仅是人与人之间的互联，还包括各种设备和服务的互联。物联网、云计算、人工智能等技术的发展，使得万物互联成为可能。全球化则是在这种高度互联的基础上，各个国家、各个文化之间进行的交流和融合，在这种背景下，贸易、投资、文化交流等都变得更加便利。全球化也推动了各国的经济发展和技术进步。与此同时，全球化也带来了新的挑战，如文化冲突、数据安全和隐私保护等，这些问题需要在数字时代加以解决。

三、智能化与自动化

智能化和自动化是数字时代的另一重要特征。通过机器学习和人工智能等技术，许多传统的工作和任务现在可以由机器自主完成。例如，智能语音助手可以帮助用户完成查询任务，还可以进行提醒设置；智能家居系统可以根据用户的生活习惯自动调节室内环境；自动驾驶技术也在逐步成熟，未来可能改变人们出行的方式。智能化和自动化不仅提高了工作效率，还为用户带来了更便捷的生活体验，但同时也导致了新的问题，如引起失业率上升、伦理道德风险等。在数字时代，如何平衡技术与人的关系，如何确保技术得到合理应用和发展，是需要人们深入思考和解决的问题。

四、个性化与定制化

在数字时代,消费者对产品和服务的需求越来越个性化。随着大数据和人工智能技术的发展,企业可以更好地理解消费者的需求,并提供定制化的产品和服务。这种个性化与定制化的趋势在许多领域都有所体现,如服装、家居、教育、医疗等。消费者可根据自己的喜好、需求和习惯,选择适合自己的产品和服务,从而更好地满足自身需求。然而,个性化与定制化也带来了新的挑战,组织需要面对更加复杂的市场环境,如何快速地响应消费者的需求,如何保持产品和服务的质量,如何降低生产和运营成本等,都是我们需要解决的问题。同时,个性化与定制化也需要保护消费者的隐私和数据安全,避免因过度搜集和使用消费者数据而引发安全问题。

五、开放性与共享性

数字时代也是一个开放和共享的时代。随着互联网技术的普及,人们可以更加便捷地获取和分享各种信息和服务。开源软件、共享经济、"众包"等都是数字时代开放性和共享性的体现,数字时代要求人们分享自己的资源、知识和技能,从而创造更大的价值。然而,开放性和共享性也带来了新的挑战。例如,如何保护知识产权和隐私权,如何确保信息的安全性和可靠性,如何建立有效的协作机制和监管机制等,都是需要我们解决的问题。同时,数字时代的开放性和共享性也需要个人和组织加强合作,避免因利益冲突和争夺资源而引发新的问题。

六、社交化与网络化

数字时代也是一个社交化和网络化的时代。社交媒体已经成为人们日常生活中不可或缺的一部分。人们可以通过这些媒体与他人进行交流、互动，形成更加紧密的关系网络。这种社交化和网络化的趋势也为组织提供了更多的推广机会。然而，社交化和网络化也带来了新的挑战，如何保护用户隐私和数据安全，如何避免信息过载和虚假信息的传播，如何建立健康的网络社区等，都是需要我们解决的问题。同时，也需要个人和组织加强合作，避免因信息泄露和网络攻击而引发新的问题。

综上所述，数字时代的这些特征相互交融、相互影响，共同构成了数字时代的基本面貌。然而，数字时代的发展也带来了一些新的挑战，如数据安全、隐私保护、网络治理等，需要我们不断地进行探索，以应对未来发展的需要。

第二节　数字时代公共人力资源管理的特点及重要性

随着信息技术的发展，数字技术已经渗透到各个领域，给传统的人力资源管理模式带来了挑战。为了适应数字时代的发展要求，公共部门需要借助数字技术对人力资源管理模式进行优化，提升管理水平。简单来说，数字时代公共人力资源管理是指在公共部门中，运用数字技术就规划、招聘、培训及绩效管理、薪酬福利管理等各个环节对人力资源进行管理的过程。它不仅包括传统人力资源管理的各个方面，还强调利用数字技术提高管理效率、优化资源配置、提升公共服务质量。在公共人力资源管理中，数字技术的应用能够简化管理流程，提高管理效率，使公共部门更好地满足公众的需求。

一、数字时代公共人力资源管理的特点

数字技术的发展对各行各业产生了深远影响，公共人力资源管理也不例外。在数字时代背景下，公共人力资源管理呈现出新的特点，这些特点反映了时代的变化和技术的进步。

（一）数据成为决策的重要依据

在数字时代，公共人力资源管理更依赖数据分析。通过搜集和分析员工绩效、人才流动、培训需求等方面的数据，管理者可以更准确地了解人力资源状况，为决策提供科学依据。以数据为中心的管理方式有助于提高决策的准确性和有效性，使人力资源配置更加合理。

（二）灵活性和多样性成为人才招聘和培养的重点

数字时代打破了传统的组织结构和层级关系，使得人才招聘和培养更加注重个体的能力和潜力。公共部门需要建立更加灵活的人才招聘机制，吸引多样化的人才，并为其提供个性化的发展机会。同时，数字技术也为远程工作和在线学习提供了可能，使得公共部门能更加灵活地开展培训和教育活动。

（三）绩效管理和激励体系更加科学和个性化

数字时代提供了丰富的绩效管理工具和方法，使得绩效评估更加客观和准确。通过数据分析，管理者可以清楚地了解员工的绩效表现和发展潜力，为制订个性化的激励方案提供依据。同时，激励体系要注重员工的个人成长和职业发展，通过提供晋升机会、培训资源等方式激发员工的积极性和创造力。

（四）公共人力资源管理的范围和边界逐渐模糊

随着数字技术的发展，公共部门与私营部门之间的界限越来越模糊，人力资源管理的范围也逐渐扩大。公共部门需要与私营企业、社会组织等建立更加紧密的合作关系，共同推动社会和经济发展。因此，公共部门要树立开放和包容的理念，吸引更多的人才参与到公共事务管理中来。

（五）道德和合规性成为人力资源管理的关键因素

数字时代使得个人信息保护、知识产权等问题更加突出。公共部门在人力资源管理中需要更加注重道德和合规性的问题，保障员工的合法权益，防止数据滥用和侵犯隐私等问题发生。同时，公共部门也需要加强对员工的道德教育和管理，培养其遵守法律法规和社会道德规范的意识。

总之，数字时代公共人力资源管理的这些特点反映了数字时代对公共人力资源管理的新要求，有助于公共部门更好地适应时代变化。

二、数字时代公共人力资源管理的重要性

数字时代对公共人力资源管理提出了更高的要求，同时也凸显了其重要性。下面从不同角度分析数字时代公共人力资源管理的重要性。

第一，从组织的角度来看，公共人力资源是组织最宝贵的资源之一。在数字时代，人力资源不仅包括传统的劳动力，还包括各种技能、知识和能力。这些资源如果能得到有效的管理，就能为组织创造巨大的价值。数字技术使得人力资源管理工作更加高效、精准，同时也为员工提供了更多的学习机会和发展机会。通过数据分析和智能化管理，组织能更好地了解员工的工作表现、培训

需求和职业规划，为员工提供个性化的支持，提升员工的满意度和忠诚度。

第二，从社会的角度来看，公共人力资源管理的有效性直接关系到社会的发展和进步。公共部门作为社会管理和服务的主体，其员工队伍的素质和能力直接影响着公共部门的社会治理水平和服务质量。数字技术能帮助公共部门获得更多的数据和信息，使得公共人力资源管理工作更加有效。通过有效的公共人力资源管理，公共部门能够吸引和培养更多优秀的人才，为社会提供更高质量的服务。同时，数字技术也能帮助公共部门及时地了解社会的需求，优化资源配置方式和服务模式，提高公共服务的质量。

第三，从国家战略的角度来看，公共人力资源是实现国家战略目标的重要保障。国家间的竞争归根结底是人才的竞争。数字时代，各国面临着前所未有的挑战，国家需要一支高素质的人才队伍来应对这些挑战。公共人力资源管理作为国家人才战略的重要组成部分，在培养和吸引优秀人才、提高国家竞争力等方面具有重要作用。科学合理的人力资源政策和管理制度，有利于激发人才的创造力，推动经济和社会的发展。

第四，从个人的角度来看，数字时代的公共人力资源管理也有重要意义。随着数字技术的广泛应用，个人职业发展和成长路径也发生了较大的变化。有效的公共人力资源管理，能帮助个人更好地了解自己的职业定位和发展方向，让个人获得更多的学习机会和发展机会。同时，数字技术也能帮助个人更方便地获取各种信息和资源，从而提高自身的综合素质和能力。

总之，数字时代公共人力资源管理的重要性不容忽视。无论是从组织、社会、国家战略的角度来看，还是从个人的角度来看，有效的公共人力资源管理都是推动社会发展、促进社会进步的重要因素。因此，在数字时代，我们要高度重视公共人力资源管理的创新与发展，不断为其注入活力。

第三节　数字时代公共人力资源管理面临的问题及解决对策

一、数字时代公共人力资源管理面临的问题

我们所处的是一个充满挑战的时代，也是一个充满希望的时代[①]。对数字时代的公共人力资源管理来说亦是如此。虽然数字技术为公共人力资源实践带来很多积极影响，但是由于人力资源管理具有复杂性，数字时代的公共人力资源管理面临着新的挑战。

（一）公共部门管理职能与技术的融合问题

数字时代的人力资源管理尽管具有许多优势，但完全以技术为中心进行人力资源管理将带来很多问题，因此如何将公共部门原有的管理职能与数字技术进行有机融合是公共部门要解决的重要问题。就公共部门而言，人力资源决策要注重公平性和可解释性。影响决策的因素除了客观因素，还有许多其他隐性的因素，如道德因素，而这些因素是数字技术无法测算的。

对公共部门来说，员工需要具备某些适于为公共利益服务的特征，如坚持正确的政治方向、具备较高的思想政治觉悟等，而这些重要的特征单纯依赖数字技术是无法测量的，因为数字技术是基于员工以往的属性与工作绩效之间的关系而创建的一种算法，这种算法主要依赖过往的数据，有存在偏差的可能性，如果不经人工审查和筛选就直接使用，可能会导致严重的后果。

数字技术应作为一种支持工具，不应取代组织的人力资源管理职能。组

---

① 详见习近平总书记在博鳌亚洲论坛 2021 年年会开幕式上的视频主旨演讲。

织管理者在建立和维护员工关系、制定员工发展和激励措施等方面发挥着不可替代的作用。因此，组织既不能排斥数字技术，也不能简单地将数字技术与公共部门的管理职能进行叠加，更不能用数字技术替代组织的人力资源管理职能。

（二）使公共部门的工作环境发生新的变化

数字技术重构了员工的工作方式和员工间的人际关系，从根本上改变了员工的工作环境。一方面，公共部门工作场所的数字化践行了"以人为本"的管理理念，增强了工作的可塑性，让工作更加个性化，员工在开展与工作相关的活动时更容易实现人与工作的高度契合，从而更好地实现公共服务的目标。另一方面，由于数字技术还处于不断完善的过程中，公共部门对数字技术的应用也处在不断探索的过程中，现有的制度环境还不能完全适应数字技术的发展，因此还不能将员工的需求完全整合到新的数字化工作环境中。

工作个性化程度的提高以及基于网络的工作情境的重新构建，破坏了原本工作模式下的平衡。同时，数字技术改变了公共部门员工原本的互动方式，改变了员工共享有形、无形资源的方式，并在组织内部形成了新的约束机制。这些都会破坏员工间原本建立的信任关系，破坏员工所感知到的组织氛围，甚至让员工产生不公平感，进而对组织产生负面影响。这些都给公共人力资源管理带来了前所未有的挑战。

（三）对公共部门员工的能力提出更高的要求

随着数字治理框架的逐步完善，不论是从技术、行为、组织三个层面推进数字治理体系，还是从价值、结构、能力、技术、安全五个维度提升公共部门的服务能力，都对公共部门员工的能力提出了更高的要求。转变公共部门的职能，需要改变公共部门的人力资源管理方式，从以管理为导向转变为以服务为导向，同时需要改变公共部门及个体的履职方式。另外，公共部门职能的转变又是一个漫长的过程，需要体制的改革、技术的支撑、理念的转换。具体而言，数字时代对公共部门员工的能力提出更高的要求，主要体现在三个方面：

第一，数字技术与素养。虽然信息技术在社会治理中发挥着重要作用，但是技术只有在员工的操作下才能真正地发挥作用。当前，越来越多的公共服务事项实现了线上办理与线下服务的无缝衔接，公众可以选择实体政务大厅、网上平台、移动客户端、自助智能终端等多种服务方式。这就对公共部门员工提出了更高的要求，他们要会使用各种数字化设备，要了解其功能，要会在数字环境下处理数据和信息，分析这些数据的有效性和可靠性，并对它们进行组织、处理和存储。

第二，在数字环境中沟通与合作的能力。"一网通办"和"最多跑一次"等公共服务的改革措施，一方面提高了公共部门的工作效率，提升了公众的满意度；另一方面对各个部门之间的协调和配合提出了更高的要求。这就要求公共部门的员工具备学习能力、沟通能力、解决复杂问题的能力，以及分享知识的意愿，在认知上还要有灵活性，等等。

第三，伦理道德与安全责任。数字时代，公共部门的重要性和特殊性，对公共部门员工的伦理道德与安全责任也提出了更高的要求。具体而言，公共部门的员工一方面需要了解数字环境中的风险，及时采取数据安全措施来保护数字设备及数据内容；另一方面要遵守与个人信息相关的法律法规，保护好个人信息，使数字技术更好、更安全地为公众服务。

（四）给公共部门员工信息保护带来新的挑战

随着数字技术的发展，在公共人力资源管理中引入人工智能、机器学习和深度学习等技术来分析和搜集数据，给公共部门员工信息保护带来新的挑战。随着数字技术的广泛应用，组织中无处不在的数字设备及工作模式（如远程工作）使得越来越多的电子绩效监控手段被应用于组织中。例如，以电话、电子邮件为代表的工作设备监控，通过摄像头等进行的环境监控，以及通过面部识别、体温监测等相关的生物识别设备进行的绩效监控等。

数字技术在公共人力资源管理中的应用，使得管理人员可通过对以往各类历史数据的分析来预测未来的各项活动，为有效衡量员工绩效中那些无法记录、不易分割的部分提供方法和依据，为未来的决策提供客观的参考和依据。这就意味着人力资源管理部门在搜集、存储、使用信息，但是员工却根本不知道关于自己的数据是什么时候被搜集的。此外，随着数字技术特别是网络传感器等的发展，数据的搜集、分析逐渐成为独立自主的、不需要人工操作的活动，这些设备自动搜集、分析数据时一般不会征得个人的同意。

公共部门在正常工作中不可避免地会使用各类绩效监控设备，如在行政大厅的摄像头、执法记录仪等，随着越来越多的信息被收录进公共人力资源数据库，制定一些安全措施来保护敏感信息或机密信息，如健康状况、财务状况、员工人事档案等，是很有必要的。虽然电子监控手段的使用在一定程度上提升了公共人力资源管理的效率，但其连续性、自动性、无须获得监控对象的同意等特性却直接侵犯了员工的个人隐私。因此，如何在法律许可范围内，既提高员工的工作效率又有效地保护员工的个人信息，是数字时代公共人力资源管理面临的新挑战。

二、数字时代公共人力资源管理问题的解决对策

（一）加速转变公共部门的管理职能

公共部门所扮演的组织角色与组织内外部环境的要求密切相关。随着公共部门越来越多地应用大数据、人工智能等数字技术，必须加快转变公共部门的管理职能，这样才能应对数字时代带来的挑战，更好地实现管理职能与数字技术的有机融合。

1.数据分析

即搜集、分析数据,制订新的人力资源规划,重新设计工作流程以及解决人机交互和数字技术方面的问题,运用数字技术为组织和员工提供指导。

2.健康顾问

由于公共部门需要承担更大的社会责任,接受公众的更多监督,而数字化变革带来的工作压力等可能对公共部门员工的心理和生理产生负面影响。这就需要及时了解员工的工作、生活状况并为其提供个性化的指导方法,以保障员工的身心健康,避免员工在使用数字技术时引发健康问题,进而保证组织健康发展。

3.资源整合

将人员、技术整合到新的数字生态系统中,以提升它们在公共部门业务中的地位,并彻底改变员工的体验感。可从业务和战略思维的角度着手,注重数字沟通技巧,并采取以结果为中心的方法来整合各方资源,满足当前员工的期望,提高对员工服务的品质,从而提高公共服务的质量。

(二)推进人力资源管理实践创新

数字技术正在重塑公共人力资源管理的各项实践活动,为了更好地应对复杂的外部环境,需要积极推进公共人力资源管理实践创新。

首先,数字技术为公共人力资源管理带来了新的工作方式,为创新和变革提供了驱动力。但是数字技术只有根植于适合其生长的组织文化,才能发展和壮大。组织学习被视为创新的先决条件,公共部门必须创建学习型组织,打造以创新、学习为导向的组织文化,为人力资源管理实践创新奠定坚实基础。

其次,数字时代公共部门需要面对复杂多变、充满不确定性的外部环境,传统的、稳定的、标准的和相对单一的管理模式已经不能适应组织的发展,公共部门需要进行结构和管理模式的创新。建立扁平化、具有灵活性和弹性的组织结构,以及构建信息共享、决策权下放的管理模式,是公共部门应对数字时代带来的挑战的必然选择，也是其推进公共人力资源管理实践创新的必要条件。

再次，人工智能将在公共部门内部产生"工作替代"作用，淘汰许多简单、重复性的职位，同时也带来了许多与数字化相关的新兴岗位。因此，需要进一步完善公共部门职位分类的相关制度，其中的职位分类标准、岗位职责、级别设置等要及时更新，以适应数字时代的要求。

最后，数字技术重构了个体的工作方式和人际关系，使其工作内容和工作环境发生变化。因此，需要更加关注个体的行为和人际关系，解决问题时要更人性化。公共部门要采用适当的激励方法，更多地从情感、培训、参与等方面激励员工，确保员工保持健康和积极性，使员工和组织都能实现可持续性的发展。

（三）提高数字化能力，转变思维

随着大数据时代的到来，数字技术日新月异，公共部门的成员必须不断学习新知识和提高自身能力才能更好地完成组织目标。正如前文所述，数字时代要求公共部门的员工必须具备数字技术素养，要有在数字环境中进行沟通与合作的能力。这些能力既包括技术运用方面的"硬"性技能，也包括解决复杂问题、及时沟通等"软"性技能。

不同的员工在组织中扮演的角色不同，因而对其能力的要求也会有所不同。但是在数字技术对公共部门岗位进行重塑的过程中，一部分岗位的数量会大大减少，另外一部分涉及数字化应用的岗位数量将会增加，这从近年来公共部门所公布的公开招聘人员岗位信息及具体要求中可见一斑。员工具有良好的数字化能力，能为公众提供更好的公共服务，能在目前的职位上脱颖而出，在未来有更多发展和晋升的可能。例如，澳大利亚和英国就采取了一系列措施，如为各个部门设立数字领导者、制定政府人员数字技能清单、建立专门的数字学院等，从招聘、培训等各方面着手提升员工的数字化能力。

数字化的培训系统有助于人力资源管理人员了解员工能力，同时根据同类员工以往的数据和经验为其制订有效的培训发展计划。例如，可运用人工智能技术建立具有培训模块的学习管理系统，为员工提供科学的指导，并培养他们的能力。再如，模拟仿真技术可为员工提供更多与其他成员交流的机会，大大增强培训效果。

另外，在数字时代，公共部门的员工需要积极面对数字化变革，改变自身的思维方式。公共部门需要提高员工使用数字技术的积极性，支持员工在数字化环境中找到自我发展的机会，实现自身价值。只有个体有变革意愿，将技术变革融入个体的思维变革和组织的文化变革之中，数字技术才能真正发挥对公共人力资源管理的积极影响。

（四）加强个人信息保护

个人信息的保护对公共部门员工的个人利益有很大的影响，如果处理不好，会危及员工与公共部门之间的信任关系，也会阻碍社会的进步和发展。完善有关算法和数据的治理机制，是数字时代公共部门的一个重要命题。公共部门要建立一个涵盖数据搜集、处理、存储、访问、披露、共享全过程的完备机制。

首先，在搜集个人信息时应通知个人，明确说明数据搜集的目的和使用方式，并取得个人的同意和授权。我国相关法律法规对此作出了原则性的规定。例如，《中华人民共和国宪法》《中华人民共和国民法典》对数字时代个人隐私和个人信息的保护都进行了规定。特别是2021年11月1日起施行的《中华人民共和国个人信息保护法》，对敏感个人信息的采集、使用进行了更为细致、完善的规定，并赋予了个体更多处理个人信息的权利。

其次，应建立个人信息分级管理机制。2007年发布的《信息安全等级保护管理办法》中就明确了对信息进行分级保护的基本思想，但是在实践中，一些公共部门对个人信息的保护往往采取"一刀切"的方式，没有对其进行分级管理。这样不仅增加了信息存储和保护的难度，实际上也增加了信息泄露的风险。因此，可建立个人信息的分级保护机制，将个人信息划分为一般数据和敏感数据两个等级，设立不同的存储空间、不同的保护等级和不同的保护措施，有的放矢地实现对个人信息的保护。

最后，可以在法律法规框架内对电子监控、情感计算等数字技术的使用进行有益探索。例如，可从传统的单方面强制监控员工工作行为的方式转变为员工参与式的双向监督方式，在员工知情并自愿的情况下使用如健康检测程序、工作提升程序等有益于工作的数字技术或设备。在数字时代背景下，提高技术水平和管理能力对实现组织目标并更好地保护员工个人信息是至关重要的。因此，技术是实现公共部门员工个人信息保护的基础，管理是保证技术发挥作用的关键，只有技术和管理双管齐下、共同提升，个人信息才能得到有效保护，组织目标才能得到实现。

总之，数字时代的到来带来了颠覆性的变化。随着大数据、人工智能等先进技术越来越多地应用到公共人力资源管理领域，我们要清楚地认识到公共人力资源管理目前存在的问题，在与危机共存之中识别和利用机遇，解决现有问题。尽管还有许多挑战需要应对，还有更多路径有待探索，但数字技术的应用无疑是公共人力资源管理未来发展的必经之路。

第四节 数字时代公共人力资源管理的研究方向

一、如何应对数字技术带来的新挑战

随着数字技术的广泛应用,公共人力资源管理面临着诸多新挑战。然而,挑战与机遇并存。为了更好地应对挑战,公共部门需要采取一系列措施,将其转化为机遇。

(一)优化数字化管理系统

为了更好地应对数字时代的挑战,公共部门需要不断优化数字化管理系统,具体包括完善数字化招聘与选拔系统、建立培训与发展平台、完善绩效管理工具等,以提高管理效率和质量。同时,公共部门要加强与其他部门的协同合作,实现数据共享和资源整合,提高整体管理效果。

(二)创新数字化应用场景

除了优化现有的数字化管理系统,公共部门还需要不断创新数字化应用场景,探索新的管理方式和手段。例如,利用大数据、人工智能等技术为员工提供更为精准的职业发展建议和学习资源;利用虚拟现实、增强现实等技术为员工提供沉浸式的学习环境等。创新数字化应用场景,可以激发员工的工作积极性和创造力,推动组织的可持续发展。

（三）加强国际交流与合作

数字技术的无国界特性使得公共人力资源管理需要更加注重国际交流与合作。我国的公共部门与其他国家或地区的公共部门进行交流与合作，有利于借鉴它们先进的数字化管理经验和技术，共同探索数字时代新的管理模式。同时，国际交流可以加强我国公共部门与其他国家或地区的人才交流与合作，培养具备国际视野和跨文化沟通能力的人才队伍。

二、如何构建公共人力资源管理理论体系和实践指导框架

在数字时代，构建完善的公共人力资源管理理论体系和实践指导框架显得尤为重要。以下将探讨如何构建数字时代公共人力资源管理的理论体系和实践指导框架。

（一）构建完善的理论体系

数字时代，公共人力资源管理需要一个系统的理论体系作为支撑。这一理论体系应包括以下几个方面：一是数据驱动决策理论，强调利用大数据进行人力资源管理和决策的重要性；二是人才流动与灵活管理理论，探讨在数字时代如何实现人才的灵活配置和管理；三是持续学习和技能发展理论，研究如何通过持续学习和技能发展应对数字技术的快速更新。这些理论的深入研究和发展，有利于形成一套完善的数字时代公共人力资源管理理论体系，为实践提供有力指导。

（二）构建实践指导框架

除了理论体系，还需要构建具体的实践指导框架，帮助公共部门在实际操作中更好地应对挑战。这一框架应包括以下几个方面：一是数字化招聘与选拔框架，为公共部门提供数字化招聘和选拔的流程和方法；二是数字化培训与发展框架，为员工的持续学习和技能发展提供有力支持；三是数字化绩效管理框架，确保绩效管理客观、公正和透明；四是数字化薪酬与福利管理框架，优化薪酬福利体系，提升员工的满意度，增强员工的归属感；五是数字化员工关系与文化建设框架，加强对员工的关怀，提升组织凝聚力。这些实践指导框架的构建与应用，可以帮助公共部门更好地应对数字时代的挑战。

（三）加强实践应用与反馈

构建理论体系和实践指导框架后，还需要在实际应用中对其不断检验和完善。公共部门应积极将这些理论和方法应用到实际工作中，并根据实践效果进行调整。实践应用与反馈的循环过程，有利于不断完善数字时代公共人力资源管理的理论体系和实践指导框架，使其更加符合实际需求。

总之，构建数字时代公共人力资源管理的理论体系和实践指导框架是一个持续的过程，需要不断探索和创新，从而为公共部门应对数字时代的挑战提供有力的支持。

第三章　云计算在公共人力资源管理中的应用

第一节　云计算对公共人力资源管理的潜在影响

一、提供基础架构支持

（一）云计算的弹性可扩展性，满足公共部门业务增长的需求

随着社会的快速发展和公共部门业务规模的不断扩大，人力资源管理工作面临着越来越多的挑战。传统的 IT 架构已经难以满足公共部门业务增长的需求，而云计算的弹性可扩展性为公共人力资源管理的数字化转型提供了基础架构支持。

云计算的弹性可扩展性意味着公共部门可以根据业务需求灵活地增加或减少资源的投入。当业务量增加时，公共部门可以快速地扩展云计算资源，以满足高峰期的需求；当业务量减少时，则可以相应地缩减资源，避免浪费。这种灵活性有助于公共部门更好地应对业务波动，提高资源的使用效率和管理效率。在传统 IT 架构下，公共部门需要预先购买大量的硬件设备，不仅成本高，而且难以适应业务变化。而云计算的弹性可扩展性允许公共部门根据实际需求

动态地调整资源规模，避免了不必要的投资和浪费。这为公共部门节省了成本，使其能将更多资金用于人力资源管理和其他核心业务的发展。

此外，随着业务规模的扩大，人力资源数据量也在不断增加，传统IT架构难以应对。而云计算平台具备强大的计算和存储能力，可以高效地处理和分析海量数据，为公共部门提供更加精准的数据。在实际应用中，公共部门需要与专业的云计算服务提供商合作。服务提供商可以根据公共部门的实际需求量身制订解决方案，提供合适的云计算资源和专业的技术支持。通过与专业服务提供商合作，公共部门可以更加快速、高效地实现数字化转型，提升人力资源管理水平。

综上所述，云计算的弹性可扩展性为公共人力资源管理数字化转型提供了基础架构支持。通过灵活地调整资源规模、降低成本、提高数据处理能力等方式，云计算平台为公共部门提供了有力保障。为了更好地发挥云计算平台的优势，公共部门应积极寻求与专业服务提供商的合作，以促进数字化转型，提升人力资源管理水平。

（二）云计算的高可用性和可靠性，确保数据安全与业务连续性

在公共人力资源管理数字化转型中，数据的安全性和业务的连续性是至关重要的影响因素。云计算的高可用性和可靠性为确保数据安全与业务连续性提供了强大的基础架构支持。

首先，云计算平台通过分布式的架构设计和冗余备份机制，确保数据的可用性和可靠性。即使某个节点发生故障，其他节点仍可继续提供服务，确保业务的连续性。这种高可用性设计减少了因硬件故障导致的服务中断风险，提高了公共人力资源管理的稳定性和可靠性。

其次，云计算平台采用先进的数据加密技术和访问控制机制，确保数据在传输和存储过程中的安全。通过身份验证和权限控制，仅授权用户能够访问相关数据，防止数据泄露和未经授权的访问。这种数据安全保障措施为公共部门

提供了可靠的数据保护，降低了数据泄露和丢失的风险。

最后，云计算平台还提供备份和恢复服务，以应对意外情况下的数据丢失或数据损坏。公共部门可以将重要数据备份到云端，以便在需要时进行快速恢复。这种备份和恢复机制确保了数据的完整性和可靠性，规避了因数据丢失导致的业务中断风险。为了进一步提高数据的可用性和可靠性，公共部门还可以利用云计算的分布式存储和计算能力进行大数据分析。通过对海量数据的实时分析，公共部门可以及时发现潜在的风险和问题，采取相应的措施进行预防。

基于云计算的大数据分析技术为公共部门提供了更加全面的数据安全保障。为了确保云计算的高可用性和可靠性，公共部门应选择信誉良好、经验丰富的云计算服务提供商。服务提供商应具备专业的技术支持能力和强大的运营维护团队，能够提供持续的监控和维护服务，确保云计算平台的稳定运行。此外，公共部门还应与云计算服务提供商建立沟通机制，及时反馈问题和需求，共同解决可能出现的问题。

（三）云计算的全球分布特性，支持跨地域的人力资源管理

随着全球化进程的加速，跨地域的人力资源管理成为公共部门面临的挑战之一。云计算的全球分布特性为公共人力资源管理提供了强大的基础架构支持，使得跨地域的人力资源管理成为可能。

云计算的全球分布特性意味着公共部门可以在全球范围内共享数据和服务。公共部门可以利用云计算平台，将人力资源数据、政策文件、项目资料等存储在云端，实现跨地域的数据共享。这避免了传统 IT 架构下数据分散、难以整合的问题，有利于保证数据的一致性和完整性。同时，云计算的全球分布特性还支持跨地域的实时沟通和协作。借助云计算平台，公共部门可以随时随地进行在线聊天、视频会议、文件共享等操作，实现跨地域的实时沟通和协作。这有助于加强部门之间的联系和合作，提高工作效率。

此外，云计算的全球分布特性还为公共部门提供了灵活的资源扩展能力。

随着业务的发展，公共部门可能需要增加在海外地区的人力资源投入。云计算平台可以根据需求在全球范围内进行资源扩展，满足公共部门在不同地区的业务需求。这有助于公共部门更好地应对全球化带来的挑战，提升公共部门的人力资源管理水平。为了更好地利用云计算的全球分布特性，公共部门需要选择具有全球服务能力的云计算服务提供商。服务提供商应在全球范围内设有数据中心，具备网络覆盖能力，能提供稳定、高效的服务支持。此外，公共部门还需建立完善的网络安全机制和隐私保护机制，保证数据的安全性和合法性。

二、数据驱动决策

（一）云计算为决策提供准确的数据支持

首先，云计算平台具备强大的数据搜集能力。通过汇集各种数据源，如员工信息、绩效数据、培训记录等，云计算平台能够实时、自动地搜集数据。这避免了传统方式下数据分散、难以整合的问题，确保了数据的实时性和完整性。

其次，云计算平台具备强大的数据整合能力。通过统一的数据标准和接口，云计算平台能够将不同来源的数据整合起来，形成完整、一致的数据视图。这为公共部门提供了全面、准确的人力资源数据，有助于公共部门更好地了解组织的人才结构、绩效状况和培训需求。

最后，云计算平台还具备强大的数据分析功能。借助大数据技术和分析工具，云计算平台能够对海量数据进行深入挖掘和分析，发现数据背后的规律。例如，公共部门可以利用云计算平台分析员工绩效数据，发现影响员工绩效的关键因素。基于分析结果，公共部门可以制订针对性的培训计划，提高员工的绩效水平。同时，通过分析员工的职业发展轨迹和人才流动情况，公共部门可以更好地了解人才市场的动态和员工的职业需求，制定更加合理的人力资源政策。

为了更好地利用云计算平台的数据搜集、整合与分析功能，公共部门需要建立完善的数据治理机制，如制定统一的数据标准、建立数据质量监控体系、注重数据安全与隐私保护等。同时，公共部门还要提高员工的技能水平，提高其对云计算平台的应用能力。

（二）云计算帮助公共部门制定科学的人力资源策略

在公共人力资源管理中，数据可视化是一种将复杂数据转化为直观图形的技术，有助于公共部门更好地理解数据。云计算的数据可视化工具为公共部门提供了强大的支持，能帮助公共部门制定科学的人力资源策略。

首先，云计算的数据可视化工具能以直观、易懂的方式将海量数据呈现出来。例如，通过柱状图、折线图、饼图等多种图形方式，数据可视化工具能将人力资源数据转化为易于理解的视觉信息。这种方式有助于公共部门快速了解数据的动态变化和内在联系，为公共部门制定科学的决策提供有力支持。

其次，云计算的数据可视化工具具有实时更新的特点。公共部门可以随时查看最新的人力资源数据，了解组织的人才结构、绩效状况和培训需求等信息。这种实时更新的数据能帮助公共部门及时发现潜在的问题，制定相应的解决措施，提高决策的针对性和有效性。

再次，云计算的数据可视化工具还支持多维度数据分析。通过对多维度数据的综合分析，公共部门能更加全面地了解组织的运营状况和发展趋势。例如，通过分析员工年龄、学历、工作经验等多维度数据，公共部门可以更好地了解员工的特点和优势，制定更加科学的人力资源策略。为了更好地利用云计算的数据可视化工具，公共部门需要加强培训和指导。公共部门管理者应学习如何使用数据可视化工具，掌握相关的分析方法和技巧。同时，公共部门还需要建立完善的数据治理机制，保证数据的准确性和完整性。公共部门可规范数据采集、处理和分析流程，提高数据质量，为数据可视化提供可靠的基础。

最后，公共部门还要注重与员工的沟通、协作。与员工共同制定人力资源策略，有助于公共部门更好地了解员工的实际需求和工作状况。员工也可以通过数据可视化工具了解组织的战略目标和决策依据，增强对组织的认同感和归属感。

三、提升服务水平

（一）云计算的云端应用，能提高服务便捷性

随着移动互联网的普及，员工对人力资源管理服务便捷性的需求日益增长。云计算平台可提供云端应用，满足员工的这一需求，提升公共人力资源管理的服务水平。

首先，云端应用能帮助员工随时随地获得人力资源管理信息。无论是在办公室、在家中还是在外出途中，只要能连接互联网，员工就可以通过云端应用访问人力资源管理系统。这种便捷性极大地提高了员工的办公效率，增强了员工工作的灵活性，打破了时间和地域对工作的限制。

其次，云端应用还为员工提供了个性化的服务体验。云端应用可提供定制化的人事信息查询、薪酬查询、请假申请等功能，以满足员工的个性化需求。员工也可以根据自己的工作需要，随时随地进行信息查询、审批申请等操作，从而提高工作效率。

再次，云端应用还有助于加强员工之间的沟通与协作。借助云端平台，员工可以轻松地分享人事信息、进行团队讨论和协作等。这种方式不仅加强了员工之间的交流与合作，还有助于提高组织的工作效率，增强组织的凝聚力。对公共部门来说，云端应用还有助于降低维护成本。传统的人力资源管理信息系统需要大量的硬件投入，也需要定期维护，而云端应用则采用集中式的管理方式和运营维护方式，能降低公共部门在硬件投入和维护方面的成本。

最后，公共部门还可以根据业务需求灵活地扩展云端应用的功能和服务范

围，增强了服务的可扩展性和可持续性。为了保障云端应用的安全性，做好隐私保护工作，公共部门需要建立严格的安全管理机制。例如，可采取数据加密、身份验证和访问控制等措施，确保员工个人信息和敏感数据的安全性。同时，公共部门还需要加强对云服务提供商的监管和评估，确保其具备足够的信息安全保障能力。

（二）云计算的智能客服和自助服务，能提升员工满意度

随着技术的发展，员工对人力资源管理的服务质量和效率也提出了更高的要求。云计算平台支持智能客服和自助服务，能有效地提升员工的满意度。

首先，云计算平台为公共部门提供了智能客服的功能。智能客服可以自动回答员工常见的问题，如工资查询、请假流程等。员工可通过在线聊天或留言的方式，快速获得智能客服的回复。这种方式大大减少了员工等待的时间，提高了解决问题的效率。

其次，云计算平台还支持自助服务。员工可以通过云端应用自行完成一些常见的人力资源管理操作，如个人信息修改、考勤查询等。这种自助服务的方式能让员工更加方便地管理自己的个人事务，降低了对人工服务的依赖性，提高了人力资源管理的服务效率。

智能客服和自助服务的优势是能快速响应员工的查询需求，提供准确、及时的信息服务。这种自动化和个性化的服务方式，能有效地提升员工的满意度。智能客服和自助服务还能减轻人工服务的压力，降低公共部门在人力资源管理方面的人力和物力成本。为了更好地发挥云计算在智能客服和自助服务方面的优势，公共部门需要注重以下几点：第一，公共部门要建立完善的自助服务体系，提供丰富、全面的服务内容；第二，公共部门要注重技术支持和系统维护，确保自助服务的稳定性和安全性；第三，公共部门要定期收集员工的反馈意见，不断优化和改进自助服务的功能。

四、推动创新与变革

（一）云计算的应用鼓励公共部门尝试新的技术和方法

在数字时代，创新是推动公共人力资源管理发展的关键因素。云计算作为一种新兴技术，降低了创新的门槛，为公共部门提供了更多的可能性。

首先，云计算的灵活性和可扩展性能为公共部门提供快速试错的机会。传统的 IT 架构往往需要大量的一次性投入，而云计算则允许公共部门按需付费，从小规模开始，逐步扩展。这种模式降低了初期投入成本，减少了创新的风险，使得公共部门更有勇气尝试新的技术和方法。

其次，云计算能为公共部门提供丰富的应用选择。"云市场"上聚集了众多与人力资源管理相关的应用软件和服务提供商，公共部门可根据自身需求选择合适的服务提供商。这种多元化的选择促进了市场竞争，推动了新技术的应用和发展。

最后，云计算还能促进跨部门、跨领域的合作与交流。借助云平台，公共部门可以与其他机构、企业甚至高校和研究机构进行合作，共同探索人力资源管理的新模式。这种跨界合作有助于公共部门打破传统思维模式，引入新的管理理念和方法，推动公共人力资源管理的创新。

为了更好地利用云计算技术的优势，公共部门需采取以下措施：第一，公共部门应积极了解新技术、新方法，关注行业前沿动态；第二，公共部门应加强与技术提供商、学术界的合作与交流，共同探讨适合自身发展的人力资源管理解决方案；第三，公共部门还应注重培养员工的创新意识，鼓励员工在工作中尝试新方法和新工具。同时，公共部门在利用云计算技术进行创新时，还需注意以下几点：一是要确保数据的安全性，注重隐私保护；二是要遵守相关法律法规；三是要结合实际情况和需求进行创新，避免盲目跟风。

（二）云计算会推动人力资源管理与其他业务领域的融合

在传统公共人力资源管理模式下，公共部门内部往往存在"信息孤岛"现象，导致资源无法有效整合和共享。云计算技术的出现，为部门间的信息共享与合作提供了有力支持，进一步推动了人力资源管理与其他业务领域的融合。

首先，云计算能帮助各部门实现信息共享。通过统一的云平台，不同部门可以实时共享人力资源数据、员工绩效信息、培训计划等，加强了部门间的信息交流与协作。这种信息共享不仅提高了工作效率，还加深了各部门对人力资源管理工作的理解。

其次，云计算为跨部门合作提供了便利。借助云端应用，公共部门可以与其他业务部门进行在线协作，共同制订工作计划、项目方案等。这种跨部门的合作有助于打破传统职能划分的界限，促进人力资源管理与组织战略目标的融合。

最后，云计算会促进人力资源管理与其他业务领域的融合。例如，人力资源管理部门可以与财务管理部门合作，共同制定薪酬福利政策；可以与培训部门合作，为员工提供定制化的培训和发展计划。这种融合有助于提高组织的整体效率，提升员工的满意度。

为了更好地利用云计算技术的优势，公共部门需采取以下措施：第一，建立统一的信息管理标准，确保各部门间的数据格式和交换标准一致；第二，加强部门间的沟通与协作，建立定期交流和合作机制，促进信息的流动和共享；第三，培养员工的跨部门合作意识，鼓励员工积极参与跨部门的项目。同时，公共部门还要注意以下几点：一是要确保信息安全，避免信息泄露和滥用；二是要明确各部门的职责和权限，避免权责不清导致合作混乱；三是要根据实际情况选择合适的云计算服务提供商，确保服务的可靠性和安全性。

第二节　云计算在公共人力资源管理中的应用优势及应用场景

一、云计算在公共人力资源管理中的应用优势

（一）提高效率

在公共人力资源管理中，云计算技术最显著的优势就是能显著提高工作效率。传统的公共人力资源管理涉及烦琐的流程，如员工信息录入、薪酬福利计算、绩效评估等。这些工作不仅耗时费力，还容易出错。而云计算技术的应用，使得这些烦琐的流程变得简单，大大提高了工作效率。

首先，云计算平台可以自动处理大量的人力资源数据，减少人工干预和手动操作。员工信息、绩效评估、薪酬福利等数据都可以通过云计算平台进行自动计算和记录，减少了数据错误和遗漏的可能性。这不仅节省了人力资源，还提高了数据的准确性和可靠性。

其次，云计算平台可以简化工作流程和审批程序。云计算平台具有在线处理和审批功能，公共部门的员工可以随时随地进行工作申请和审批，从而大大提高工作效率。

最后，云计算平台还有进行实时数据分析和报告的功能。借助大数据技术和人工智能技术，云计算平台可以对人力资源数据进行实时分析和预测，为公共部门提供及时、准确的数据支持。公共部门可以根据数据分析结果制定更加科学、合理的策略，提高工作效率。

（二）降低成本

云计算技术在公共人力资源管理中的另一个显著优势是能降低成本。传统的公共人力资源管理需要投入大量的人力、物力和财力进行基础设施建设、系统维护和数据管理。而云计算技术的应用，使得公共部门实现了资源共享和自动化管理，从而有效降低了成本。

首先，云计算平台可以降低设施成本。公共部门通过租赁云计算平台的资源，可以减少购买基础设施的费用。云计算平台的计算、存储等功能，可以使资源供多个部门或项目共同使用，避免了资源的浪费和重复投资。

其次，云计算平台可以降低人力成本。通过自动化处理和智能管理，云计算平台可以降低人力资源管理工作对人员的依赖性。人工操作被自动化流程取代，降低了人力成本，同时也减少了因人为失误带来的损失。

再次，云计算平台可以降低维护成本。传统的系统维护需要专业人员进行定期的检查和维修，而云计算平台可以提供专业的维护服务，公共部门只需支付一定的服务费用即可。这不仅节省了维护成本，还避免了因系统故障或数据丢失造成损失。

最后，云计算平台可以降低培训成本。通过在线学习平台和协作工具，云计算平台可以帮助公共部门进行在线培训和团队建设活动。借助云计算平台，公共部门可以让员工通过在线课程进行自我学习，提高其技能水平，而不需要组织高成本的集中培训活动。

（三）提高协同合作能力

在公共人力资源管理中，云计算技术还有助于提高公共部门的协同合作能力。随着组织结构日益复杂和多元化，公共部门需要更加高效地进行跨部门、跨地区的协同合作。云计算技术以其强大的信息共享和沟通功能，为提高公共部门的协同合作能力提供了有力支持。

首先，云计算平台可以促进信息共享。公共部门可以将人力资源数据、政策文件、项目资料等存储在云计算平台，方便各部门和员工随时访问和更新。这有助于消除"信息孤岛"现象，提高信息的流动性和共享性，促进各部门之间的沟通和协作。

其次，云计算平台可以提供实时沟通工具。借助云计算平台的在线聊天、文件共享等功能，公共部门可实现实时沟通和协作。云计算平台不仅提高了员工的沟通效率，还有助于公共部门建立更加紧密的团队关系。

再次，云计算平台可以支持项目管理。公共部门可以通过云计算平台进行项目规划、任务分配、进度跟踪和成果展示等工作。员工可以共同参与项目，协同完成任务，进而提高项目执行效率和协作效果。

最后，云计算平台可以提高决策质量。借助大数据技术和人工智能技术，云计算平台可以为公共部门提供科学、合理的决策支持。管理者可以根据数据分析结果进行决策，从而提高决策的科学性和准确性。同时，员工也可以通过云计算平台参与决策过程，提出意见和建议，增强决策的民主性。

（四）促进数据安全

在公共人力资源管理中，数据安全是至关重要的。云计算技术能为公共部门提供更加可靠、高效的数据保障。

首先，云计算平台提供了强大的数据加密技术。通过高级加密算法和密钥管理机制，云计算平台能确保数据在传输和存储过程中的安全。即使数据在传输过程中被截获，也无法轻易被破解，从而保证了数据的机密性和完整性。

其次，云计算平台具备严格的数据访问控制和权限管理功能。通过身份验证和权限控制机制，云计算平台能确保只有被授权的人员才能访问相关数据。同时，可根据不同的职位和角色设置不同的访问权限，避免数据滥用。

再次，云计算平台还具有强大的备份和恢复功能。公共部门可以将重要的人力资源数据备份到云端，规避数据丢失的风险。一旦发生意外导致数据损坏或丢失，云计算平台能快速恢复数据，确保业务的连续性和稳定性。

最后，云计算平台还具备实时监控和安全审计功能。借助云计算平台的实时监控和安全审计功能，公共部门可以实时监测数据的访问和操作情况，及时发现和应对潜在的安全威胁。这有助于提高数据的安全性和可靠性，规避安全风险。

（五）提升决策水平

通过全面、准确的数据分析和预测，云计算技术可以帮助公共部门作出更加科学、合理的决策，从而提高组织的竞争力和管理效率。

首先，云计算平台能进行实时数据分析。借助大数据技术，云计算平台可以对人力资源数据进行深入分析和挖掘，发现数据背后的规律。管理者可以根据数据分析结果及时调整和优化管理策略，进而提高决策的针对性和有效性。

其次，云计算平台能进行预测性分析。借助人工智能、大数据等技术，云计算平台可以对人力资源数据进行分析和预测，帮助公共部门预测未来的发展趋势和可能出现的风险。这有助于公共部门提前制定应对策略，提高组织的适应能力和应变能力。

再次，云计算平台还能提供多维度、全方位的数据支持。除了能整合人力资源数据，云计算平台还可以整合其他相关数据，如财务、项目、客户等方面的数据，为公共部门提供更加全面的决策支持。通过对多维度的数据进行综合分析，公共部门可以更加全面地了解组织的运营状况和发展趋势，从而作出更加科学、合理的决策。

最后，云计算平台还能提供灵活的数据可视化工具。公共部门可以通过图形、图表等直观地展示数据分析结果，方便组织内部的交流。这有助于提高公共部门的决策能力，促进组织的可持续发展。

综上所述，云计算能提升公共部门的决策水平，这将有助于提升公共部门的整体管理效率和服务水平，更好地满足社会和公众的需求。

二、云计算在公共人力资源管理中的应用场景

（一）招聘与选拔

在公共人力资源管理中，招聘与选拔是至关重要的环节。云计算技术为公共部门提供了更加高效、便捷的招聘与选拔方案。

首先，云计算技术可以简化招聘流程。传统的招聘过程通常涉及多个烦琐的环节，如发布招聘信息、收集和筛选简历、面试安排等。借助云计算平台，这些流程都可以在线完成，大大提高了招聘效率。此外，云计算平台还可以整合多个招聘渠道的数据，统一管理应聘者的信息，方便公共部门快速筛选合适的候选人。

其次，云计算技术可以促使选拔公平、公正。在传统的选拔过程中，由于信息传递和记录的方式有限，公共部门容易出现人为操作失误和信息失真的情况。而云计算平台可以提供一个透明、可追溯的环境，确保选拔过程的公正性和准确性。借助云计算平台，公共部门可以实现选拔标准和流程的数字化，并且可以实时记录和监控选拔过程，有效减少人为干预和操作空间。

最后，云计算技术还可以帮助公共部门建立人才库。云计算平台可以存储大量的人才信息，建立丰富的人才数据库。这样不仅可以方便公共部门快速找到符合要求的候选人，还可以为自身未来的发展提供有力的人才保障。

总之，云计算技术在公共部门的招聘与选拔中具有重要作用。它可以提高招聘效率，保证选拔的准确性，提供丰富的人才资源。

（二）员工培训与发展

员工培训与发展是公共人力资源管理的核心环节之一，对提高员工的素

质、促进组织的发展具有重要意义。云计算技术的应用，为公共部门提供了一种新型的员工培训与发展模式。

首先，云计算技术可以为员工培训提供丰富的在线学习资源。传统的员工培训通常需要组织集中式的培训活动，成本高且时间有限。而通过云计算平台，公共部门可以让员工随时随地访问各种在线学习资源，如电子书籍、视频教程、在线课程等。这样不仅可以降低培训成本，还可以让员工根据自己的时间安排和学习需求进行自主学习。

其次，云计算技术可以促进员工之间的交流与合作。在线学习平台可以提供一个虚拟的学习社区，员工可以在这里交流学习心得、分享工作经验。此外，云计算技术还支持各种协作工具，比如在线会议、共享文档等，方便员工在培训过程中进行团队协作和项目实践。

最后，云计算技术可以对员工培训与发展进行有效的评估和跟踪。通过在线学习平台，公共部门可以实时记录员工的学习进度和成绩，方便人力资源部门对培训效果进行评估和反馈。此外，借助云计算技术，公共部门还可以对员工的学习情况进行跟踪和预测，为人力资源部门提供有针对性的改进建议和优化方案。

总之，云计算技术在员工培训与发展中具有重要作用。通过运用云计算技术，公共部门可以更加高效地开展员工培训与发展工作，进而提高员工的素质，促进组织的健康发展。

（三）绩效评估与管理

绩效评估与管理是公共人力资源管理中的关键环节，对于提高组织效率、激发员工积极性和促进个人发展等具有重要意义。云计算技术的应用，为公共部门的绩效评估与管理提供了新的解决方案。

首先，云计算技术有助于公共部门进行全面的绩效数据采集与分析工作。通过云计算平台，公共部门可以整合各种绩效数据，如工作任务完成情况、工作质量、团队协作能力等，形成完整的绩效数据记录。基于这些数据，公共部门可借助云计算技术进行深入分析，更加客观、准确地评估员工的工作表现和绩效水平。

其次，云计算技术可以提高绩效评估的透明度和公正性。传统的绩效评估过程往往存在主观性较强和信息不对称等问题，而云计算平台可以提供一个公开、透明的环境，让员工和管理者都能全面了解评估标准和结果。同时，云计算技术还可以支持多维度的评估方式，如自我评价、同事评价、上级评价等，从而避免单一评价主观性较强的问题。

最后，云计算技术可以为公共部门绩效管理提供智能化的决策支持。基于大数据技术和人工智能技术，云计算平台可以对绩效数据进行深入挖掘，发现潜在的问题和改进点，为管理者提供有针对性的建议和解决方案。此外，云计算技术还可以根据绩效评估结果进行智能化的工作安排和资源分配，提高组织的工作效率和资源利用效率。

总之，云计算技术在绩效评估与管理中具有重要作用。通过云计算技术的应用，公共部门可以更加科学、高效地进行绩效评估与管理，提高员工的工作积极性和组织效率，促进组织的可持续发展。

（四）薪酬福利管理

薪酬福利管理是公共人力资源管理的重要组成部分，对吸引和留住优秀人才、激发员工积极性以及提升组织竞争力具有重要作用。云计算技术的应用，为公共部门的薪酬福利管理带来了便利。

首先，云计算技术可以实现薪酬福利管理的透明化和规范化。通过云计算平台，公共部门可以制定统一的薪酬福利政策和标准，确保公平性和一致性。借助云计算平台，公共部门可以让员工实时查看自己的薪酬福利情况，了解各项政策的实施细节，从而增强员工对组织的信任感。同时，云计算平台还可以记录薪酬福利的调整和变动情况，方便管理者进行审计和监督。

其次，云计算技术可以简化薪酬福利的计算和管理流程。传统的薪酬福利计算涉及大量的人工操作和烦琐的计算过程，容易出错且效率低下。而云计算平台可以自动进行薪酬福利的计算和发放等工作，减少人工干预，降低错误率。员工则可通过云计算平台自助查询薪酬明细、核对账目，从而提高满意度。

最后，云计算技术可以为薪酬福利管理提供数据分析和预测功能。基于大数据技术，云计算平台可以对薪酬福利数据进行深入挖掘，发现潜在的问题和改进点。公共部门管理者可以根据数据分析结果制定更加科学、合理的薪酬福利策略，以提高组织的吸引力和竞争力。同时，云计算平台还可以预测薪酬福利的未来变化趋势，为组织的发展战略提供有力支持。

总之，云计算技术在薪酬福利管理中具有重要作用。通过云计算技术的应用，公共部门可以更加高效、精准地进行薪酬福利管理，提高员工满意度，实现组织的稳定发展。

（五）人力资源数据分析与决策支持

在公共人力资源管理中，数据分析与决策支持是提升管理效率、优化资源配置和制定科学策略的关键环节。云计算技术以其强大的计算能力和灵活的数据处理方式，为公共部门的人力资源数据分析与决策支持提供了保障。

首先，云计算技术能整合和存储海量的人力资源数据。公共部门通常有着庞大的员工队伍和复杂的人力资源数据，包括个人信息、教育背景、工作经历、绩效评估等多个维度。通过云计算平台，这些数据可以得到有效的整合和存储，形成一个全面、统一的人力资源数据中心。这不仅提高了数据的安全性，还为后续的数据分析提供了坚实的基础。

其次，云计算技术能进行高效的数据分析和挖掘。利用云计算平台上的大数据分析工具，公共部门可以对人力资源数据进行深入分析，发现隐藏在数据中的规律和趋势。例如，通过对员工的绩效评估数据进行分析，公共部门可以找出影响员工绩效的关键因素，为制订有针对性的培训和发展计划提供依据。通过对员工的流动数据进行分析，公共部门可以预测未来的人力资源需求情况，为招聘和人才储备提供决策支持。

最后，云计算技术能够提供智能化的决策支持。基于人工智能、大数据等先进技术，云计算平台可以对人力资源数据进行智能分析和预测，为公共部门提供科学、合理的决策建议。例如，在人力资源规划方面，云计算平台可以根据组织的发展战略和历史数据，预测未来的人力资源需求和供给情况，帮助公共部门制订合理的人力资源规划。在员工激励方面，云计算平台可以根据员工的个人特征和绩效表现，向公共部门推荐个性化的激励方案，提升员工的满意度。

第三节　云计算在公共人力资源管理中应用的问题及解决措施

一、数据安全与隐私保护

随着云计算在公共人力资源管理中的广泛应用，数据安全与隐私保护成了人们首要考虑的问题。公共部门要采取有效的措施，确保数据在云端的安全存储和传输，同时要建立完善的数据保护机制。

首先，确保数据的安全存储是关键。公共部门要选择信誉良好、经验丰富的云服务提供商，并充分了解和评估其安全措施。此外，还要采用加密技术对敏感数据进行加密存储，确保数据即使被盗或丢失，也无法被非法访问或使用。

其次，保障数据传输安全也是重要的一环。公共部门应采用安全的通信协议（如 SSL/TLS 协议）进行数据传输，以防止数据在传输过程中被截获或篡改。同时，对于需要远程访问云端数据的场景，应采用 VPN、虚拟专用网络等技术手段来确保数据传输的安全性。

最后，建立完善的数据保护机制是必不可少的。公共部门需要制定严格的数据管理制度，明确对数据进行分级分类管理，针对不同级别的数据设定不同的访问权限和保密要求。同时，建立数据备份和恢复机制，以防数据丢失或意外情况发生。

为了应对数据安全与隐私保护方面的挑战，公共部门还要采取其他措施：第一，引导员工树立安全意识，提高员工对数据安全与隐私保护的重视程度；第二，组建专门的数据安全管理团队或机构，负责数据的日常管理和安全监控。第三，定期对云服务提供商进行安全审计和风险评估，确保其安全措施的有效性和合法性。

二、法规遵从

在云计算技术的应用过程中，法规遵从是一个不可忽视的问题。公共部门必须确保其在云端的应用符合相关法律法规的要求，规避违法风险。

首先，公共部门要深入了解相关法律法规，如国家法律法规、地方性法规以及行业标准等。通过了解国家法律法规，公共部门可以明确自身的权利和义务，为制定人力资源管理策略提供依据。

其次，公共部门要评估现有的人力资源管理流程和系统是否符合法律法规的要求。对于不符合要求的部分，要进行相应的调整。例如，对员工个人敏感信息的处理，要遵守相关法律法规，采取适当的加密措施。

最后，公共部门要选择合适的云服务提供商。公共部门应选择有良好记录、具备相关资质的云服务提供商。在签订服务合同和协议时，应明确双方的权利和义务，确保数据保护、隐私保护等方面的约定符合法律法规的要求。

为了应对法规遵从方面的挑战，公共部门还要采取其他措施：第一，组建专门的法律团队或机构，负责监督云端的应用情况；第二，加强与法律顾问或专业机构的沟通与合作，及时了解国家法律法规的最新变化，为人力资源管理决策提供专业支持；第三，定期进行相关培训，提高员工对法律法规的重视程度。

三、人员培训与技能提升

云计算技术在公共人力资源管理中的广泛应用，对人员的培训与技能提升提出了更高的要求。为了更好地运用云计算技术，公共部门需要培养相应的专业人才。

首先，公共部门要认识到人员培训与技能提升的重要性。云计算技术的引入给传统的人力资源管理模式带来了变革，要求人员掌握相关的技术知识，具备相关的技能。通过培训和技能提升，公共部门可以帮助员工适应新的管理模式，提高员工的工作效率。

其次，公共部门要制订具体的培训计划。公共部门应根据员工的实际需求和水平，编制个性化的培训计划。培训内容应涵盖云计算的基本概念、技术原理、应用实践等方面，使员工能全面了解和掌握云技术相关知识。

再次，公共部门可定期开展培训会、研讨会等活动，为员工提供继续学习的机会和平台。同时，加强与云服务提供商的合作与交流也是有益的。公共部门可与云服务提供商建立合作关系，共同开展培训活动。多与专业人员交流，可让员工获得更丰富的技术知识和实践经验，提高员工解决实际问题的能力。

最后，公共部门还可采取其他措施对员工进行培训。例如，组建专门的技术支持团队，在应用云计算技术的过程中，当员工遇到问题时，及时为其提供指导和帮助。可建立激励机制，鼓励员工主动学习，掌握新技术，提高其能力。

总之，公共部门应注重提高员工的技术水平，发展其专业素养，为云计算技术的应用提供有力支持，从而提高组织的工作效率，增强组织的竞争力，促进公共人力资源管理健康发展。

第四章　大数据在公共人力资源管理中的应用

第一节　大数据在公共人力资源管理中的应用优势

一、提升决策的科学性和准确性

（一）基于数据的分析与预测

在公共人力资源管理中，基于数据的分析与预测是大数据的重要应用价值之一。对大量的数据进行挖掘和分析，可以揭示人力资源管理的内在规律和趋势，为公共部门提供科学、准确的决策依据。

首先，大数据可以帮助公共部门了解组织内部人力资源的分布、流动和利用情况，从而使公共部门更加合理地进行人力资源配置。例如，对员工的年龄、性别、学历、工作经历等方面的数据进行分析，公共部门可以更好地进行选拔、晋升和调动等工作，实现人力资源的优化配置。

其次，大数据还可以帮助公共部门预测人力资源的需求和供给情况。借助大数据分析历史数据和市场趋势，有利于预测未来的人才需求和供给情况，提前做好人才储备和培养工作，避免人才短缺或过剩的情况发生。

最后，大数据还可以帮助公共部门了解员工的绩效和能力，从而更加科学地进行绩效管理工作和人才培养工作。对员工的绩效数据进行分析，公共部门可发现员工在工作中存在的问题和不足，为其制订有针对性的培训和发展计划，以提高员工的工作能力和绩效水平。

（二）为决策提供有力支持

在公共人力资源管理中，管理者在决策过程中常常面临着复杂多变的情况。而大数据可为公共人力资源管理提供全面、准确的数据支持，为公共部门提供有力的帮助。

首先，大数据能够帮助公共部门获取更全面的信息。在传统的管理模式下，公共部门往往只能依赖有限的信息和经验进行决策，这可能使决策具有片面性。而大数据可对大量数据进行挖掘和分析，为公共部门提供更全面的信息和更准确的数据，帮助公共部门更好地理解问题，作出更准确的判断。

其次，大数据能帮助公共部门更好地预测未来。通过对历史数据的分析和对未来趋势的预测，大数据可以为公共部门提供更加科学和准确的预测结果，帮助公共部门更好地制定未来的战略。

最后，大数据还可以帮助公共部门更好地评估决策效果。公共部门可通过大数据对决策实施后的数据进行分析，进而评估决策的效果，为后续的决策提供借鉴。

（三）优化资源配置，提高组织效率

在公共人力资源管理中，资源的合理配置是提高组织工作效率的关键。大数据在此方面发挥了不可替代的作用。

首先，大数据能帮助公共部门更好地了解自身的资源状况。通过对员工的技能、经验等方面的数据进行分析，公共部门可以清晰地了解每位员工的优势和不足，从而更加合理地进行人力资源分配。

其次，大数据能够帮助公共部门预测未来的资源需求。通过对历史数据和市场趋势的分析，公共部门可以预测未来的人才需求，提前进行人才储备，确保关键岗位空缺能得到及时填补。

最后，大数据还可以帮助公共部门优化内部流程。通过对流程数据的分析，公共部门可以发现流程中的问题，从而优化流程，提高工作效率。更为重要的是，大数据能帮助公共部门实现精准管理。通过对员工的行为、绩效等方面数据的分析，公共部门可以精准地识别出优秀员工和绩效欠佳员工，为优秀员工提供更多的发展机会，对绩效欠佳员工进行有针对性的培训。

大数据能帮助公共部门更加合理、高效地使用自身资源，从而提高公共部门的工作效率和服务质量。在日益复杂多变的公共环境下，大数据无疑为公共人力资源管理工作提供了强大的工具。

二、促进人才选拔和培养

（一）发掘优秀人才

在公共人力资源管理中，发掘优秀人才是提升组织整体效率的重要环节。传统的人才选拔方式往往基于有限时间内的面试表现，难以全面、准确地评估一个人的能力和潜力。而大数据技术的引入，为人才选拔工作带来了革命性的变化。

首先，大数据能帮助公共部门全面了解员工的能力和潜力。通过对员工的绩效数据、工作行为数据和个人特质数据进行分析，公共部门可以更准确地挖掘员工的潜力，从而选拔出真正优秀的员工。例如，通过分析员工在工作中处理问题的效率、次数和效果，公共部门可以判断其解决问题的能力和工作效率；通过分析员工的工作行为，公共部门可以判断其团队合作能力和领导力等。

其次，大数据能帮助公共部门发现优秀员工的共同特征和成功因素。通过对大量优秀员工的个人数据进行分析，公共部门可以总结出优秀员工的共同特征和成功因素，从而为人才选拔提供更有针对性的依据。例如，通过分析优秀员工的职业发展轨迹、工作绩效和行为模式，公共部门可以发现他们在职业发展中的关键节点和成功因素，为其他员工提供借鉴。

最后，大数据还可以帮助公共部门建立人才库。通过对员工的绩效数据、工作行为数据和个人特质数据进行分析和分类，公共部门可以建立不同类型的人才库，以便在后续的人才选拔和培养工作中快速找到合适的人选。例如，根据员工的技能、经验和绩效表现，可以将他们分为不同的类型，划分到不同的人才库，以便在不同岗位和项目中快速匹配人才。

值得一提的是，大数据在发掘优秀人才的过程中，还可以帮助公共部门发现员工之间的互补性。通过对员工的能力、特长和合作模式进行分析，公共部门可以更好地进行团队配置，实现人才之间的优势互补。

（二）制订个性化的培训计划

在公共人力资源管理中，培训是提升组织整体效率的重要环节。传统的培训计划往往采用"一刀切"的方式，忽略了员工的个性化需求，难以达到最佳的培训效果。而大数据技术的引入，为制订个性化培训计划提供了有力支持。

首先，大数据能帮助公共部门制订个性化的培训计划。通过对员工的绩效数据、工作行为数据和个人特质数据进行分析，公共部门可以发现员工在技能、知识和能力方面的不足，从而制订个性化的培训计划。例如，通过分析员工在工作中遇到的常见问题和错误，公共部门可以了解员工需要提升的具体技能，从而确定相应的培训课程和内容，帮助他们更好地实现职业发展目标。

其次，大数据还可以帮助公共部门评估培训效果。通过对员工在培训前后的绩效数据、工作行为数据和个人特质数据进行分析，公共部门可以了解培训对员工的具体影响，从而不断优化培训计划和内容。例如，通过分析员工在培训后的工作表现、工作效率等，公共部门可以了解培训的实际效果，以便及时调整和完善培训计划。

三、提升员工关系管理效果

（一）及时了解员工工作满意度和离职倾向

大数据技术的引入，为公共部门及时了解员工的满意度和离职倾向提供了有力支持。

首先，大数据能帮助公共部门全面了解员工的满意度。通过对员工的绩效数据、工作行为数据和个人特质数据进行分析，公共部门可以了解员工对工作的满意度、对领导和同事的满意度以及对福利待遇的满意度。例如，分析员工的工作效率和团队合作表现，可以间接了解他们对工作环境的满意度；分析员工的加班时长和工作量，可以间接了解他们对工作安排的满意度。

其次，大数据能帮助公共部门及时发现员工的离职倾向。员工在考虑离职时，往往会在行为、情绪等方面出现一些明显的变化。通过对这些数据进行实时监测和分析，公共部门可以在员工离职前采取相应的措施，降低离职率。

（二）维护员工关系，提高员工归属感和忠诚度

在公共人力资源管理中，员工关系管理是维护组织稳定、提高员工归属感和忠诚度的重要环节。大数据技术的引入，为维护员工关系提供了有力支持。

首先，大数据能帮助公共部门及时发现和解决员工关系问题。员工关系问题往往表现为工作满意度下降、团队合作不畅、沟通障碍等。通过对这些数据进行实时监测和分析，公共部门可以及时发现问题，并采取相应的措施解决问题。例如，如果发现某部门员工之间的沟通协作出现问题，公共部门可以组织相关的团队建设活动或沟通培训，促进员工之间的相互合作，让员工相互理解。

其次，大数据还可以帮助公共部门评估员工关系管理的效果。通过对员工

的工作满意度、归属感和忠诚度等指标进行长期跟踪和分析，公共部门可以了解员工关系管理的实际效果，以便及时调整或优化管理策略。

（三）精准把握员工需求，制定人性化员工关系管理策略

在公共人力资源管理中，员工关系管理是提升员工满意度、忠诚度和组织效率的关键环节。大数据技术的引入，为公共部门精准把握员工需求、制定人性化员工关系管理策略提供了有力支持。

首先，大数据能帮助公共部门全面了解员工的个性化需求。通过对员工的绩效数据、工作行为数据和个人特质数据进行分析，公共部门可以了解员工的职业发展、福利待遇、工作环境等方面的个性化需求。基于这些数据，公共部门可以制定更加符合员工个性化需求的管理策略，提高员工的满意度。

其次，大数据能帮助公共部门制定更加人性化的员工关系管理策略。例如，通过分析员工的工作量和工作压力数据，公共部门可以合理安排加班时间，制定合理的休假制度，避免员工过度劳累、压力过大；通过分析员工的社交数据，公共部门可以了解员工的兴趣爱好和生活状况，从而更好地开展团队建设活动和制定福利政策。

四、创新绩效管理和激励方式

（一）制定科学合理的薪酬体系和激励措施

在公共人力资源管理中，绩效管理是激发员工积极性、提高组织效率的重要手段。大数据技术的引入，为制定科学合理的薪酬体系和激励措施提供了有力支持。

首先，大数据能帮助公共部门建立更加科学的薪酬体系。通过对员工的绩效数据、工作行为数据和个人特质数据进行分析，公共部门可以全面了解员工

的绩效表现、能力素质和工作潜力，为制定合理的薪酬标准提供依据。基于数据分析结果，公共部门可以制定出更加公平、透明的薪酬体系，确保员工的薪酬与其绩效和能力相匹配。

其次，大数据能帮助公共部门制定个性化的激励措施。通过对员工的需求和期望进行调查和分析，公共部门可以了解员工在职业发展、福利待遇、工作环境等方面的个性化需求。基于这些数据，公共部门可以制定出更加符合员工需求的激励措施，激发员工的工作积极性。例如，可以为追求职业发展的员工提供更多的培训和晋升机会；可以为重视福利待遇的员工提供更好的福利待遇。

最后，大数据还可以帮助公共部门实施精细化的绩效管理。通过对员工的工作表现、工作效率等进行实时监测和分析，公共部门可以及时发现员工的优点和不足，为其提供有针对性的指导。同时，大数据还可以帮助公共部门制定更加客观、公正的绩效考核标准和方法，确保绩效管理的公平性和有效性。

（二）激发员工的内在动力和创造力

大数据技术在公共人力资源管理中的应用，不仅有利于公共部门制定科学合理的薪酬体系和个性化的激励措施，更重要的是，它可以激发员工的内在动力和创造力，调动他们的工作积极性。

首先，大数据可帮助公共部门更好地了解员工的需求和期望。通过深入分析员工的行为数据和工作表现，公共部门可以发现员工在工作环境、工作内容、职业发展等方面的真实需求。基于这些数据，公共部门可以制定更加符合员工需求的政策，激发员工的创造力。

其次，大数据可帮助公共部门建立更加公正、客观的绩效评估体系。通过对员工的工作绩效、工作能力、工作态度等进行全面评估，公共部门可以发现员工的优点和不足，为其提供有针对性的指导和培训。这种基于数据的绩效评估方式，可以让员工感受到公平和公正，从而激发他们的工作动力。

再次，大数据可帮助公共部门制订更加有效的激励方案。通过对员工的绩效数据和工作行为数据进行长期跟踪和分析，公共部门可以发现员工在不同阶段的需求变化情况。基于这些数据，公共部门可以制订出更加符合员工需求的激励方案，让员工乐于为组织贡献力量。

最后，大数据可帮助公共部门营造更加开放、包容的文化氛围。通过对员工的工作表现、创新能力等方面进行评估和分析，公共部门可以发现员工的潜力和特长。基于这些数据分析，公共部门可鼓励员工发挥自己的特长和创造力，提高他们的满意度。

第二节 大数据在公共人力资源管理中的应用场景

一、人才招聘与选拔

（一）利用大数据提高招聘的精准度和效率

在公共人力资源管理中，人才招聘与选拔是至关重要的环节。随着大数据技术的不断发展，利用大数据技术分析候选人的专业技能、工作经历和职业素养已经成为提高招聘精准度和效率的有效手段。

首先，大数据能帮助公共部门深入了解候选人的专业技能。通过对候选人的教育背景、工作经历、项目经验等数据进行综合分析，公共部门可以全面评估其专业能力和技术水平。同时，公共部门可以利用大数据技术对候选人的技能水平进行量化评估，更加精准地筛选适应岗位需求的候选人，从而提高招聘的精准度。

其次，大数据能帮助公共部门深入了解候选人的工作经历和职业素养。通过分析候选人在前公司的绩效表现、团队合作能力、沟通能力等方面的数据，公共部门可以全面评估其工作能力和职业素养。此外，公共部门还可利用大数据技术对候选人进行性格测试和行为模式分析，为选拔出更合适的候选人提供科学依据。

最后，大数据还能提高公共部门的招聘效率。传统的招聘方式往往需要耗费人力资源管理部门大量的时间和精力筛选简历、安排面试，而利用大数据技术可以快速地筛选出符合岗位需求的候选人，并自动安排面试时间，大大提高了招聘的效率。同时，公共部门借助大数据技术还可以预测候选人的职业发展方向和留任率，为后续的人才培养提供参考。

需要指出的是，公共部门在应用大数据进行人才招聘与选拔时，需要注意保护候选人的隐私。同时，需要建立完善的数据管理和分析流程，确保数据的准确性和可靠性。此外，还需要不断优化和改进数据分析模型，以适应市场变化和岗位需求的变化。

总之，通过应用大数据技术，公共部门能更加科学、高效地进行人才招聘与选拔工作，为组织的发展提供有力的人才保障。相信随着大数据技术的不断发展和完善，未来公共人力资源管理将在大数据的支撑下更加精准、高效。

（二）通过大数据制定更加科学的招聘策略

在公共人力资源管理工作中，制定科学的招聘策略是至关重要的。而大数据技术在招聘策略的制定中扮演着越来越重要的角色，尤其是对招聘市场的趋势和人才流动情况的深入分析，可以帮助公共部门制定更适应市场需求的招聘策略。

首先，大数据能帮助公共部门了解招聘市场的整体趋势。通过对各类招聘平台的数据进行分析，公共部门可了解不同行业、不同职位的人才需求情况，以及薪资水平的变化趋势。这些数据可以为公共部门提供宝贵的市场情报,帮助其判断市场走势,从而制订更加科学的招聘计划。

其次,大数据能帮助公共部门掌握人才流动的规律。通过对人才流动的数据进行分析,公共部门可以了解人才的流向和流动原因,从而预测未来的人才需求和流动趋势。这些数据可以帮助公共部门提前做好准备,制定更加有针对性的招聘策略,提高招聘的效率和效果。

最后,大数据还能帮助公共部门优化招聘渠道和方式。通过对不同招聘渠道的效果进行分析,公共部门可找出最有效的招聘渠道和方式,降低招聘成本。同时,通过分析应聘者的行为数据和反馈信息,公共部门可不断优化招聘流程,提高应聘者的满意度。

在利用大数据技术制定招聘策略时,也要注意数据安全。公共部门要建立完善的数据管理制度,要合法获取和使用数据,防止数据泄露和滥用。同时,还要加强对数据分析结果的应用和管理,保证其准确性和可靠性。

二、员工培训与发展

(一)利用大数据制订员工职业发展规划

在公共人力资源管理工作中,员工培训与发展是提高组织绩效和促进员工个人成长的重要手段。而大数据技术的应用,可以帮助公共部门更好地了解员工的培训需求和职业发展目标,从而为员工制定更加个性化的职业发展规划。

首先,大数据能帮助公共部门了解员工的培训需求。通过大数据对员工的工作表现、技能水平等数据进行综合分析,公共部门可深入了解员工在哪些方面需要提升。同时,通过分析员工的绩效评估结果和学习成长记录,公共部门可发现员工的短板和不足,为制订更有针对性的职业发展规划提供依据。

其次，大数据能帮助公共部门了解员工的职业发展目标。通过大数据对员工的职业规划、晋升意愿、个人发展目标等数据进行搜集和分析，公共部门可以了解员工的职业期望和发展方向。这些数据可帮助公共部门更好地了解员工的个人需求和职业发展诉求，从而制订更符合员工个人发展需求的职业发展规划。

（二）通过大数据优化培训内容和方式，提高培训质量

员工培训与发展是提升公共部门整体绩效的重要环节。随着大数据技术的应用，公共部门可以更好地搜集和分析员工在培训过程中的数据，从而优化培训内容和方式，提高培训质量。

首先，大数据能帮助公共部门了解员工的学习需求和偏好。通过大数据搜集和分析员工的学习行为、课程反馈、互动交流等数据，公共部门可以了解员工对不同培训内容和方式的接受程度。基于这些数据，公共部门可提供更符合员工需求的培训内容，提高员工的学习效果。

其次，大数据能帮助公共部门评估培训效果。通过大数据对员工的绩效评估结果、工作表现、反馈意见等数据进行综合分析，公共部门可以评估培训对员工个人和组织绩效的影响。通过对比培训前后的数据变化，公共部门可以了解培训的实际效果和价值，从而优化培训计划和内容，增强培训的针对性和有效性。

最后，大数据还能帮助公共部门发现更合适的培训资源和培训方式。通过对员工的在线学习行为、学习资源使用情况等数据进行分析，公共部门可以分析出哪些培训资源和培训方式更受员工的欢迎。这些培训资源和培训方式在被广泛应用后，能有效提高整个组织的培训效果和质量。

三、绩效管理与评估

（一）利用大数据制定更加客观、公正的绩效评估体系

绩效管理与评估是公共人力资源管理的核心环节，对员工的个人发展和组织目标的实现具有重要意义。应用大数据技术后，公共部门可更加客观、公正地评估员工的绩效表现和工作能力，从而增强绩效管理的科学性和有效性。

首先，大数据能帮助公共部门全面了解员工的绩效表现。通过大数据对员工的项目完成情况、客户反馈等数据进行综合分析，公共部门可全面评估员工的工作表现和业绩。这种基于数据的评估方式可以减少主观因素对评估结果的影响，使评估结果更加客观、公正。

其次，大数据能帮助公共部门评估员工的工作能力。通过大数据对员工的学习成长记录、技能水平、培训参与度等数据进行搜集和分析，公共部门可评估员工的工作能力和发展潜力。这种评估方式可为员工的职业发展提供更加精准的指导，帮助员工更好地发挥自身优势。

最后，大数据还能帮助公共部门制定更加合理的绩效指标。通过大数据对员工的绩效数据进行深入分析，公共部门可了解不同岗位、不同层级的员工的绩效表现，从而制定更符合实际情况的绩效指标。这种基于数据的绩效管理方式可让绩效目标具有可衡量性和可达成性，从而激发员工的创造力。

（二）通过大数据为员工的职业发展提供科学依据

在公共人力资源管理工作中，有效的绩效管理与评估是持续提升组织效率的关键环节。通过大数据分析员工绩效的动态变化过程及其影响因素，公共部门可为员工的职业发展提供更加科学、可靠的指导。

首先，大数据能帮助公共部门实时监测员工的绩效表现。通过大数据对员工的日常工作数据、项目进度、客户反馈等数据进行实时分析，公共部门可及

时了解员工的工作表现和业绩变化。这种实时监测的方式可以帮助公共部门及时发现员工的优点和不足,为员工改进工作方式提供更加及时、准确的指导。

其次,大数据能帮助公共部门分析员工绩效的影响因素。通过大数据对员工工作的相关数据进行分析,公共部门可找出影响员工绩效表现的关键因素。这些因素可能包括员工的技能水平、工作态度、团队协作能力等。通过深入分析这些因素,公共部门可为员工的职业发展提供更有针对性的建议。

最后,大数据还能帮助公共部门预测员工的未来绩效表现。通过大数据对员工的绩效数据进行长期跟踪和分析,公共部门可了解员工绩效的发展趋势。基于这些数据,公共部门可对员工的未来绩效表现进行预测,从而提前制订相应的培训计划,帮助员工更好地实现职业发展目标。

总之,大数据可帮助公共部门为员工的职业发展提供更加科学、可靠的指导。这不仅可以提高公共部门的绩效管理水平,还可以促进组织的持续发展。

四、薪酬管理与激励

(一)利用大数据制定更加科学、合理的薪酬体系

在公共人力资源管理工作中,薪酬管理与激励是激发员工工作积极性和创造力的重要手段。通过大数据分析市场薪酬水平和员工绩效表现,公共部门可制定更加科学、合理的薪酬体系,从而提高员工的满意度。

首先,大数据能帮助公共部门了解市场薪酬水平。通过大数据对行业报告、招聘网站、各地区薪酬等进行综合分析,公共部门可了解不同职位、不同地区的薪酬水平和市场行情。分析这些数据可为公共部门制定更加合理的薪酬体系提供参考,确保组织的薪酬水平在市场上保持竞争力。

其次,大数据能帮助公共部门评估员工绩效表现与薪酬的匹配度。通过大数据对员工的绩效数据进行分析,公共部门可了解员工的绩效表现和工作成

果。基于员工的绩效评估结果，公共部门可制定相应的薪酬调整和激励措施，确保员工的薪酬与个人贡献和绩效相匹配。这种基于数据的薪酬体系可激励员工发挥自身的优势，提高其工作积极性。

最后，大数据还能帮助公共部门制订个性化的薪酬激励方案。通过大数据对员工的工作态度、团队合作能力等进行分析，公共部门可了解员工的个性化需求和发展潜力。基于这些数据，公共部门可制订更加个性化的薪酬激励方案，提高员工的忠诚度。

总之，利用大数据分析市场薪酬水平和员工绩效表现，公共部门可制定更加科学、合理的薪酬体系。这不仅可以提高员工的满意度和忠诚度，还可以激发员工的创造力。

（二）通过大数据制定更加精准、个性化的激励措施

在公共人力资源管理工作中，了解员工的行为和心理特征对制定有效的激励措施至关重要。通过大数据分析员工的行为和心理特征，公共部门可为员工提供更加精准、个性化的激励方案，从而激发员工的创造力。

首先，大数据能帮助公共部门了解员工的需求和动机。通过大数据对员工的日常工作表现、网络社交表现等数据进行综合分析，公共部门可深入了解员工的个人需求和动机，从而制定更加符合员工需求的激励措施。

其次，大数据能帮助公共部门发现员工的潜在需求。通过大数据对员工的兴趣爱好、工作期望、生活状况等数据进行分析，公共部门可以发现员工潜在的需求。基于这些数据，公共部门可制定更加个性化的激励措施，激发员工的内在动力，更好地满足员工的个人发展需求。

最后，大数据还能帮助公共部门制定与员工绩效相匹配的激励措施。通过大数据对员工的绩效数据进行分析，公共部门可了解员工的绩效表现和工作成果。基于员工的绩效评估结果，公共部门可制定相应的激励措施，如提供晋升机会、设置奖金制度、组织培训计划等，这种与绩效相匹配的激励方式可以更

好地激发员工的潜力。

总之,通过大数据分析员工的行为和心理特征,公共部门可制定更加精准、个性化的激励措施。这不仅可以调动员工的工作积极性,还可以促进组织的健康发展。

五、员工关系与组织文化

(一)利用大数据及时采取措施维护员工关系和稳定人才队伍

在公共人力资源管理工作中,员工关系是影响组织稳定性的重要因素。公共部门可通过大数据分析员工的工作满意度和离职倾向,及时采取措施维护员工关系和稳定人才队伍。

首先,大数据能帮助公共部门了解员工的工作满意度。通过大数据对员工的日常工作表现、绩效评估结果、反馈意见等方面的数据进行综合分析,公共部门可了解员工在工作环境、工作内容、团队合作等方面的满意度,这有助于公共部门及时发现员工的不满和困惑,并采取相应措施,让员工安心工作。

其次,大数据能帮助公共部门预测员工的离职倾向。通过大数据对员工的绩效、工作态度、社交等方面的数据进行监测和分析,公共部门可预测员工离职的可能性并提前采取措施,如提供培训机会、改善工作环境、加强沟通等,以降低员工的离职率,稳定人才队伍。

最后,大数据还能帮助公共部门制定有针对性的员工关系管理策略。通过大数据对员工的个人信息、职业发展需求、工作期望等方面的数据进行分析,公共部门可了解员工的个性化需求和发展潜力。基于这些数据,公共部门可制定更加符合员工需求的员工关系管理策略,如提供定制化的培训计划、建立良好的沟通机制、打造积极向上的组织文化等,以增强员工的归属感。

总之,利用大数据分析员工的工作满意度和离职倾向,公共部门可及时采取措施维护员工关系、稳定人才队伍。这不仅可以提高员工的工作积极性，还可以促进组织的可持续发展。

（二）通过大数据制订更加有效、有针对性的组织文化建设方案

在公共人力资源管理工作中，组织文化是塑造组织形象、凝聚团队力量、推动组织发展的基石。利用大数据分析组织文化的特点和影响因素，公共部门可制订更加有效、有针对性的组织文化建设方案。

首先，大数据能帮助公共部门深入了解组织文化的特点。通过大数据对员工的日常工作表现、价值观等方面的数据进行分析，公共部门可了解自身的组织文化特点和价值观。这有助于公共部门明确组织文化的核心要素和优势，为制订有针对性的组织文化建设方案提供依据。

其次，大数据能帮助公共部门识别影响组织文化发展的关键因素。通过大数据对员工行为、组织氛围、外部环境等方面的数据进行监测和分析，公共部门可找出影响组织文化发展的因素，如领导风格、激励机制、沟通机制等。通过深入分析这些因素，公共部门可制订更加有效的组织文化建设方案。

最后，大数据还能帮助公共部门制订个性化的组织文化建设方案。通过大数据对员工的需求、期望和发展目标等数据进行搜集和分析，公共部门可了解员工对组织文化的认同程度。基于这些数据，公共部门可制订更加符合员工需求的文化建设方案。这种个性化的文化建设方案可以更好地满足员工的个人发展需求，推动组织文化的深入发展。

总之，通过大数据分析组织文化的特点和影响因素，公共部门可制订更加有效、有针对性的组织文化建设方案。这不仅可以提升组织的形象、增强组织的凝聚力，还可激发员工的工作热情。

第三节　大数据在公共人力资源管理中应用的问题及解决措施

一、大数据在公共人力资源管理中应用的问题

（一）数据安全方面的问题

随着大数据技术的广泛应用，数据安全成为公共人力资源管理面临的重要挑战。在大数据时代，公共部门需要搜集、存储和处理大量员工数据，以进行深入分析和利用。然而，在数据处理过程中，公共部门需要高度重视数据泄露的风险和员工隐私保护的难题。

1.数据泄露的风险

在应用大数据技术的过程中，数据泄露风险是一大挑战。例如，在处理员工数据的过程中，公共部门需要确保数据的安全性，防止数据被未经授权的第三方获取和使用。数据泄露不仅可能会导致员工隐私的泄露，还可能对组织的声誉和利益造成损害。因此，公共部门需要采取有效的管理措施，确保数据的安全性和完整性。

2.员工隐私保护的难题

员工隐私保护是另一个难题。在搜集和处理员工数据的过程中，公共部门要充分尊重员工的隐私权，确保员工隐私不被侵犯。这意味着公共部门要严格控制数据的搜集和使用范围，避免搜集不必要的数据，同时要对员工的个人信息进行加密和匿名化处理。此外，公共部门还要建立完善的隐私保护政策和程序，确保员工隐私得到有效保护。公共部门在搜集、存储和处理员工数据时，要严格遵守相关法律法规的要求，避免违规行为的发生。

（二）技术和专业人才方面的问题

在应用大数据技术的过程中，技术难题与专业人才匮乏是另一个重要挑战。由于大数据技术具有复杂性和专业性，公共部门在处理和分析海量数据时常常面临技术上的难题。同时，具备大数据应用能力的专业人才匮乏，也制约着大数据在公共人力资源管理中的广泛应用。

1.技术难题

大数据技术的复杂性和专业性是公共部门面临的技术难题之一。大数据技术涉及多个领域的知识和技能，如统计学、计算机科学、社会伦理学等。在进行大数据分析时，需要运用各种算法和模型来处理海量数据，并从中提取有价值的信息。这要求公共部门具备强大的技术实力和数据分析能力，以应对大数据技术应用方面的挑战。此外，技术的更新换代也是公共人力资源管理中面临的一个技术难题。随着大数据技术的不断发展，新的技术和工具不断涌现，需要公共部门不断更新技术和设备以适应时代的变化。然而，技术的更新换代需要投入大量的人力、物力和财力，这对于一些资源有限的公共部门来说是一个不小的挑战。

2.缺乏具备大数据应用能力的专业人才

缺乏具备大数据应用能力的专业人才是另一个挑战。只有具备相关知识和技能的专业人才才能有效使用大数据技术。然而，目前公共部门中具备大数据应用能力的专业人才相对较少，这导致公共部门在应用大数据技术时面临人才匮乏的困境。

（三）数据质量及可信度方面的问题

在将大数据技术应用到公共人力资源管理中时，数据质量及可信度问题是一个不容忽视的问题。由于数据来源具有多样性和不规范性，加之数据清洗和整理具有难度，公共部门可能面临数据质量不高和可信度不足的问题。这些问题可能导致数据分析的结果出现偏差,影响决策的准确性。

　　1.数据来源的多样性和不规范性

　　数据来源的多样性和不规范性是影响数据质量的关键因素之一。在公共人力资源管理中,数据的来源广泛,可能包括员工档案、绩效评估、培训记录等多个方面。这些数据的格式、标准和质量各不相同,导致数据整合和分析的难度增加。同时,数据来源的不规范性可能导致分析结果出现偏差,从而影响决策的准确性。

　　2.数据清洗与整理具有难度

　　数据清洗与整理的难度也是影响数据质量的重要因素。在大数据时代,数据的质量和可信度至关重要。然而,由于数据来源具有多样性和不规范性,数据清洗与整理成为一项非常复杂的任务。这要求公共部门具备强大的数据处理能力,以确保数据的准确性和可信度。

　　在公共人力资源管理中,数据分析的结果往往用于决策和战略制定。数据如果存在偏差,可能会导致管理人员作出错误的决策。

(四)管理方式、组织文化与员工自身方面的问题

　　在将大数据技术应用到公共人力资源管理中时,传统的管理方式、原有的组织文化以及员工对新技术的接受程度与抵触心理可能对大数据的应用产生阻碍,这就需要公共部门采取一系列措施消除这些阻碍。

　　1.大数据对传统管理方式的冲击

　　大数据对传统管理方式产生了冲击,传统的公共人力资源管理者通常基于自己的经验和直觉进行决策,而大数据则强调基于数据的决策和量化分析。这种转变可能导致一些管理人员难以适应新的管理模式,产生抵触情绪。因此,公共部门需要积极推动组织变革,转变传统的管理观念,以适应大数据时代的要求。

2.组织文化与大数据的融合难题

组织文化与大数据的融合难题也是公共部门需要面对的挑战之一。每个组织都有其独特的文化和价值观，这些文化和价值观可能影响员工对大数据的接受程度。公共部门需要找到一种适合自己组织文化的大数据应用方式，以确保在公共人力资源管理中最大限度地发挥大数据的价值。

3.员工对新技术的接受程度与抵触心理

员工对新技术的接受程度和抵触心理也是公共部门需要解决的重要问题。一些员工可能认为大数据会对其工作造成不利影响，或者对新技术持有疑虑。公共部门需要加强对员工的培训，加深他们对大数据的认识和理解，以消除他们对新技术的抵触心理。

二、大数据在公共人力资源管理中应用问题的解决措施

（一）注重数据安全与隐私保护

在数字时代，数据安全与隐私保护是公共人力资源管理中面临的重要挑战之一。为了应对这一挑战，公共部门需要采取一系列措施。

1.建立完善的数据管理制度和安全防护体系

建立完善的数据管理制度和安全防护体系是保障数据安全的基础。公共部门要制定严格的数据管理制度，明确数据搜集、存储、处理和使用的流程，确保数据的合法性。同时，要建立完善的数据安全防护体系，可采取数据加密、权限控制、备份恢复等措施，以防止数据泄露、损坏或被非法访问。为了保障数据安全，公共部门还要加强网络安全防护，定期进行安全漏洞检测和修复，确保网络系统安全、稳定地运行。

2.强化员工的隐私保护意识

强化员工隐私保护意识是保障数据安全的关键。公共部门需要加强对员工

的培训，让员工充分认识到个人隐私的重要性，并严格遵守相关法律法规。员工需要遵守隐私保护的原则，不泄露个人及其他员工的隐私信息，同时也要防范网络病毒、恶意软件等带来的安全威胁。

3.定期进行数据安全检查与风险评估

定期进行数据安全检查与风险评估是保障数据安全的必要措施。公共部门要定期进行数据安全检查，及时发现和消除数据安全隐患。定期的数据安全检查，有利于公共部门及时发现潜在的安全威胁和数据漏洞，并采取相应的措施进行防范。同时，公共部门要定期进行数据风险评估，及时了解数据安全风险，确保数据的安全性和可靠性。通过风险评估，公共部门可识别风险点和安全隐患，采取相应的风险控制措施，降低数据泄露的风险。

（二）培养大数据专业人才

在数字时代，具备大数据应用能力的专业人才是推动公共人力资源管理创新的重要力量。因此，公共部门需要采取一系列策略和措施来培养和储备大数据专业人才。

1.丰富人才储备，加大人才培养力度

公共部门可通过与设立大数据分析专业的高校合作，储备具备大数据思维、掌握大数据技术的专业人才。同时，公共部门要定期开展内部培训，加大人才培养力度，提高员工对大数据技术的应用能力。公共部门可通过邀请专家授课、组织专题讲座、分享成功案例等方式，使员工深入了解大数据技术的原理和应用方法。除此之外，公共部门还可建立学习平台，提供在线课程和学习资源，鼓励员工进行自主学习和交流，从而提高他们的综合素质和技能水平。

2.建立专家团队，提供技术指导

公共部门可组建一支由大数据专家组成的团队，负责提供技术指导。这个团队可以协助公共部门解决大数据应用的技术难题，提供专业的数据分析服务，帮助公共部门更好地利用大数据优化人力资源管理工作。同时，这个团队还可以与其他部门进行合作，推动大数据技术在整个公共部门的应用。

（三）提升数据质量与可信度

在数字时代，数据质量与可信度是影响大数据分析结果的重要因素。为了提升数据质量与可信度，公共部门要采取一系列相关措施。

1.规范数据采集、存储和使用流程

公共部门要制定严格的数据采集、存储和使用流程，确保数据的准确性和完整性。在数据采集阶段，要明确数据的来源和范围，采用合适的数据采集方法和技术，确保数据的真实性和可靠性；在数据存储阶段，要建立完善的数据存储体系，采用合适的数据存储技术和工具，确保数据的可追溯性和可恢复性；在数据使用阶段，要规范数据的使用方式，避免数据被滥用。

2.建立数据质量监控体系，保证数据的准确性和完整性

公共部门需要建立完善的数据质量监控体系，定期对数据进行质量检查和控制，确保数据的准确性和完整性。例如，可采用数据清洗、整理和校验等手段，消除异常数据和错误信息，提高数据的精度和质量。同时，公共部门要加强对数据预处理技术和分析技术的研发，提高数据处理和分析的水平。

3.加强对数据分析结果的验证工作，提高可信度

公共部门要加强对数据分析结果的验证工作，确保数据分析结果的准确性和可信度。公共部门可采用合适的数据分析方法和数据分析模型，结合实际情况和业务需求，对数据分析结果进行多维度的验证。同时，公共部门要加强与外部机构和专家的合作交流，寻求外部支持，增强数据分析结果的公信力和影响力。

（四）推动组织变革与文化融合

在公共人力资源管理中应用大数据技术，不仅能带来管理方式的变革，还能带来组织文化和组织结构的深层变革。为了应对这一挑战，公共部门需要采

取一系列措施来推动组织变革与文化融合。

1.加强宣传教育，加深员工对大数据的认识

公共部门要加强对员工的宣传教育，使他们了解大数据的原理、应用和价值，加深他们对大数据的认识。公共部门可通过开展专题讲座、组织培训课程等方式，使员工深入了解大数据在人力资源管理中的重要作用和应用前景。同时，公共部门还要积极引导员工转变观念，鼓励他们接受新理念、新方法，以推动组织变革的顺利进行。

2.制订合理的变革计划，逐步推进大数据的应用

公共部门要制订合理的变革计划，明确大数据的应用目标、实施步骤和时间表。在推进大数据技术应用的过程中，公共部门要注重大数据技术与现有组织结构和业务流程的融合，逐步推进大数据技术在人力资源管理中的应用。同时，公共部门要关注员工反馈的意见，及时调整和优化变革计划，确保组织变革的顺利进行。

3.打造开放包容的组织文化，促进大数据与组织文化的融合

公共部门要打造一种鼓励创新、开放包容的组织文化，为大数据的应用和发展营造良好的文化氛围。公共部门要鼓励员工积极探索新的思路和方法，鼓励员工勇于尝试和改进，同时要尊重员工的意见和建议，关注员工的成长和发展。组织文化建设，有利于大数据与组织文化的融合，推动组织的持续发展。

第五章 人工智能在公共人力资源管理中的应用

第一节 人工智能对公共人力资源管理的潜在影响

一、改变传统的人力资源管理模式

（一）数据驱动的管理决策

随着大数据技术和人工智能技术的飞速发展，公共人力资源管理正经历着从传统的人工模式向智能化模式的深刻转变。其中，数据驱动的管理决策成为这一变革的核心内容。传统的人力资源管理依赖管理人员的经验和直觉进行决策，往往导致决策过程缺乏科学性和客观性。而现在，借助人工智能技术，公共部门可以搜集、分析和处理海量的数据，为管理决策提供强有力的数据支持。

数据驱动的管理决策具有以下几个优势：

第一，数据可以帮助公共部门更加客观地评估人力资源状况，发现潜在的问题。通过对员工绩效、人才流动等方面的数据进行分析，公共部门可以更加全面地了解员工的实际状况，为管理决策提供更加客观的依据。

第二，数据可以帮助公共部门预测未来的人才发展趋势和需求量。通过分析历史数据和行业趋势，公共部门可以预测未来的人才需求量和人才流动趋势，提前制定相应的人力资源策略，从而更好地应对未来的挑战。

第三，数据还可以帮助公共部门优化人力资源配置。通过对员工能力和岗位的匹配度的分析，公共部门可以更加合理地进行人力资源的配置，提高人力资源的利用效率。

（二）自动化的人力资源管理流程

在人工智能的应用浪潮下，公共人力资源管理正经历着前所未有的变革。其中，人力资源管理流程的自动化成为这场变革的重要标志。自动化的人力资源管理流程不仅提高了管理效率，还为公共部门带来了诸多便利。

首先，自动化流程大大降低了人工操作的错误率。传统的人力资源管理依赖人工操作，相关数据的准确性容易受到人为因素的影响，如员工的疲劳、责任感缺失等，这些因素都会使数据的准确性降低。而自动化流程主要采用精确的算法和程序，能减少人工操作的错误，确保数据的准确性和一致性。

其次，自动化流程提高了公共人力资源管理的响应速度。在招聘、薪酬制定、绩效评估等环节中，自动化流程能帮助公共部门快速处理大量的数据和信息，缩短决策周期，使人力资源管理更加高效。这不仅有助于提升员工满意度，还能增强公共部门的整体竞争力。

最后，自动化流程让公共人力资源数据具有可追溯性，有助于提升公共人力资源数据的透明度。在自动化的记录模式和管理模式下，每个环节的操作都有迹可循。同时，自动化流程减少了人为干预，使整个管理过程更加透明，有助于减少不公平和腐败现象。

（三）个性化的员工服务

人工智能对公共人力资源管理的潜在影响是多方面的，其中提供个性化的员工服务是重要的一环。

在传统管理模式下，公共部门为员工提供的服务往往是"一刀切"的。而现在，人工智能可以帮助公共部门深入了解每位员工的需求和期望，进而为他们提供个性化的职业发展建议、培训计划和福利待遇。这种个性化服务不仅有助于提高员工的满意度，还有助于激发员工的主动性和创造力。

要实现个性化员工服务，还需要注意几个问题：第一，数据安全是关键。在搜集和分析员工信息的过程中，必须确保数据的安全性和隐私性；第二，人工智能的决策应基于公正和透明的算法，避免产生偏见；第三，公共部门应与技术部门密切合作，确保人工智能系统的准确性和有效性。

提供个性化员工服务的目的不是仅仅满足个别员工的个别需求，而是要激发组织的活力，提升组织的整体效率。通过提供个性化员工服务，公共部门能更好地发掘员工的潜能，从而推动组织的持续创新和发展。因此，在公共人力资源管理领域，公共部门应积极探索人工智能技术与公共人力资源管理深度融合的渠道，以提供更加高效、公正和个性化的员工服务。

二、提升公共部门的人才竞争力

（一）更精准的人才识别与选拔方式

在当今时代，人才是推动组织发展的核心动力。因此，如何精准地识别和选拔人才，成为公共部门面临的一大挑战。人工智能技术的引入，为公共部门提供了更高效、更精准的人才识别与选拔手段。

首先，人工智能可以通过大数据分析技术，帮助公共部门全面评估候选人的能力和潜力。公共部门可借助人工智能技术对候选人的教育背景、工作经验、技能水平等各方面的数据进行深度挖掘与分析，从而准确地预测候选人在未来工作中的表现和发展潜力。这种基于数据的评估方式，比传统的面试和简历筛选更加客观。

其次，人工智能可以帮助公共部门建立完善的人才数据库。通过对人才数据的长期跟踪和分析，公共部门可以更好地了解人才市场的变化趋势，及时发现和吸引优秀人才。同时，人工智能还可以根据不同岗位的需求，自动为公共部门匹配最适合的人才，提高人才选拔的效率和准确性。

最后，人工智能还可提供智能化的面试和测评工具，帮助公共部门对候选人进行多维度的评估。这些工具可以模拟实际工作场景，帮助公共部门评估候选人的沟通能力、协作能力和创新能力，为公共部门提供全面的人才评估报告。

（二）个性化的员工培训与发展方案

在知识经济时代，员工的培训与发展已成为提升组织竞争力的关键因素。人工智能技术的引入，为公共部门提供了更加个性化、精准的员工培训与发展方案。

首先，人工智能可帮助公共部门根据每位员工的特长、兴趣和职业规划，为员工提供个性化的培训计划。公共部门可借助人工智能技术对员工的学习历史、综合能力和工作绩效等进行分析，从而准确地识别员工的潜力和发展需求，提供具有针对性的培训内容和课程。这样的培训方式不仅能提高员工的知识水平，还能激发员工的主动性和创造力，实现个人和组织的共同发展。

其次，人工智能可提供智能化的教学平台和互动工具，帮助公共部门提供更加灵活、便捷的培训方式。员工可根据自己的时间安排和学习需求，随时随地进行在线学习，让培训更灵活、更便利。同时，公共部门还可借助人工智能的智能化评估和反馈机制，实时跟踪员工的学习进度，及时调整培训内容和培训方式，确保培训的有效性和针对性。

最后，人工智能还可为公共部门提供更加全面的人才发展方案。公共部门可借助人工智能技术对员工职业生涯的全过程进行跟踪和管理，从而为员工提供职业规划建议、晋升机会和发展空间等方面的支持。这种全面的人才发展方案能激发员工的积极性，提升整个组织的人才竞争力。

（三）高效的人才绩效管理方案

在人力资源管理中，绩效管理是至关重要的环节。通过高效、准确的绩效管理，公共部门可以更好地激励员工，提高整体的工作效率和服务水平。人工智能技术的引入，为公共部门提供了更加高效、公正的人才绩效管理方案。

首先，公共部门可借助人工智能技术进行数据分析，对员工的绩效进行全面、客观的评估。通过搜集员工的任务完成情况、客户反馈等方面的信息，公共部门可准确地评估员工的绩效表现，避免传统绩效评价中人为因素和主观偏见的影响。这种基于数据的绩效评估方式，不仅提高了评估结果的准确性和公正性，还有助于激发员工的创造力。

其次，人工智能可以帮助公共部门制定更加科学、合理的绩效指标体系和评价体系。借助人工智能技术，公共部门可对不同岗位的工作要求和职责进行深度分析，为不同岗位制定个性化的绩效指标，使绩效评价更加贴合实际情况。同时，公共部门还可通过人工智能进行数据分析，发现员工的潜在问题和改进空间，提供有针对性的培训方案。

最后，人工智能还可以提供智能化的绩效管理系统，帮助公共部门实现绩效管理的自动化和智能化。通过设定相应的规则和算法，公共部门可借助人工智能技术计算员工的绩效并排名。同时，员工也可以通过智能化系统及时了解自己的绩效评价结果和改进建议，与上级领导进行沟通。

三、创新公共部门的人力资源战略

（一）预测未来的人力资源需求

随着社会和经济的快速发展，人力资源需求的变化越来越快，对公共部门的战略规划和管理提出了更高的要求。人工智能技术的引入，为公共部门提供了预测未来人力资源需求的有效工具。

首先,人工智能可通过大数据分析,帮助公共部门预测未来的人才需求趋势。人工智能可通过对行业趋势和政策变化等方面数据进行分析,帮助公共部门预测未来的人才需求量、人才需求结构和对人才的技能要求等。公共部门可据此提前制订人才招聘计划和培养计划,避免人才短缺或过剩的情况发生。

其次,人工智能可帮助公共部门优化人力资源配置。公共部门可借助人工智能技术对员工的技能、绩效和职业规划等进行分析,发现员工的潜力和特长,为员工的职业发展提供更加科学的建议。同时,人工智能还可根据未来的人才需求,自动为公共部门匹配最适合的人才,提高人力资源的利用效率。

最后,人工智能还可为公共部门提供更加全面、客观的人力资源评估方案。公共部门可借助人工智能技术对员工的绩效表现、技能水平等进行分析,发现组织在人力资源管理方面的优势和不足,及时调整组织的战略规划。

(二)组建多元化的人才队伍

在全球化的时代背景下,公共部门需要应对日益复杂和多元化的社会需求,这要求公共部门组建一支多元化的人才队伍。人工智能技术的应用,为公共部门实现这一目标提供了有力支持。

首先,人工智能技术可帮助公共部门更有效地吸引来自不同背景和领域的人才。通过分析大量的求职者数据,人工智能可识别出具备不同背景、不同技能和经验的人才,为公共部门提供更广泛的选择。同时,借助智能化的招聘平台,公共部门可以更精准地定位目标人群,提高招聘效率。

其次,人工智能还可帮助公共部门打造更加包容和开放的组织文化。通过数据分析,公共部门可了解不同员工群体的需求和期望,打造更加包容的组织文化。同时,借助智能化的沟通和反馈平台,员工可自由地表达意见和建议,促进组织内部的平等交流和合作,打造更加开放的组织文化。

（三）应对员工技能不足和组织变革带来的挑战

随着科技的快速发展，人工智能技术已经对许多行业产生了深远的影响。对公共部门来说，如何应对此种背景下员工技能不足和组织变革带来的挑战，成为公共人力资源管理领域的重要议题。

一方面，人工智能的应用对员工的技能提出了新的要求。传统的公共人力资源管理往往更注重经验、关系和流程，但随着人工智能技术的应用，员工的数据分析和跨领域合作等方面的能力变得越来越重要。为了适应这一变化，公共部门需要加强对员工的培训和教育，提升他们的技能水平，使其能更好地应对新的挑战。

另一方面，人工智能的应用也带来了组织变革。随着人工智能技术的广泛应用，一些传统的工作岗位可能会消失，而新的工作岗位又会出现。这要求公共部门在人力资源管理中更加注重员工的职业生涯规划，为其提供更多的发展机会。同时，公共部门还要建立更加灵活的组织结构，以适应不断变化的市场环境和工作需求。

为了应对员工技能不足和组织变革带来的挑战，公共部门需要采取一系列措施。第一，加强员工培训和教育是关键。公共部门可以通过与高校、培训机构等合作，为员工提供更加系统、专业的培训课程，提升其技能水平；同时，鼓励员工自我学习和继续教育，为其提供必要的学习资源和支持。第二，重视员工的职业生涯规划和发展也是必要的。公共部门可以通过与员工共同制订职业发展计划，为其提供更多的晋升机会和发展空间。第三，建立完善的激励机制和绩效评估体系，鼓励员工积极发挥自己的能力和特长，为组织的发展做出贡献。第四，加强与私营部门、创新型企业等的合作也是重要的。通过与它们的交流和合作，公共部门可以更好地了解市场变化和技术发展趋势，借鉴其成功经验和模式，为自身的改革和创新提供有益的参考。

总之，人工智能技术的广泛应用，使得公共部门要面对员工技能不足和组织变革带来的挑战，但同时也为公共部门带来了新的发展机遇和发展空间。未来，随着人工智能技术的不断进步和应用范围的不断扩大，我们有理由相信，人工智能技术将在公共人力资源管理领域发挥越来越重要的作用。

四、提升公共部门员工的工作体验

（一）个性化的员工福利与关怀

在公共人力资源管理中，员工福利与关怀是提高员工满意度和忠诚度的重要手段。随着人工智能技术的发展，公共部门可以更加精准地为员工提供个性化的福利与关怀，让员工有更好的工作体验，进一步提高员工的生活质量。

首先，人工智能可以通过大数据技术和机器学习技术，帮助公共部门全面了解员工的需求和偏好。人工智能可搜集员工的工作表现、反馈意见等方面的数据，对员工的福利需求进行深度挖掘，从而帮助公共部门为员工提供更加贴心的福利方案。例如，可根据员工的兴趣和需求，为其提供定制化的健康保险、培训课程、家庭关怀等服务，让员工感受到组织的温暖。

其次，人工智能还可提供智能化的员工服务平台，公共部门可借助这一平台为员工提供更加便捷和高效的服务。人工智能集合了多个服务渠道和多种资源，可以帮助员工解决日常工作中遇到的部分问题和困难。这种一站式的服务模式可以大大提高员工的办事效率，减轻其工作负担，让员工感受到组织的关怀和支持。

最后，人工智能还支持智能化的心理健康辅导，能为员工提供更加专业的心理辅导。人工智能可分析员工的情绪状态、工作表现和社交互动等方面的数据，帮助公共部门及时发现员工的心理问题，进而为员工提供个性化的心理辅导建议。这种关怀可以帮助员工更好地应对工作压力和挑战，提高其心理健康水平和工作效率。

总之，人工智能在员工福利与关怀方面有重要作用，它能帮助公共部门全面了解员工的需求，进而为员工提供便捷的服务以及专业的心理健康支持，使员工的生活质量得到进一步提升。此外，公共部门要密切关注数据安全和隐私保护等方面的问题，确保人工智能技术的合理应用和可持续发展。

（二）智能化的员工沟通与协作渠道

在公共部门，有效的沟通与协作是提升工作效率、促进团队合作的关键因素。随着人工智能技术的发展，运用智能化的沟通与协作工具逐渐成为公共部门提升员工满意度和忠诚度的重要手段。

首先，人工智能技术可帮助公共部门建立更加便捷、高效的沟通渠道。通过智能化的通讯平台，员工可以随时随地进行实时交流、文件分享和任务协作，打破时间和空间的限制，提高沟通效率和响应速度。这种高效的沟通方式可以减少信息传递的时间，降低沟通成本，提高团队的协作能力。

其次，人工智能还可以通过智能化的数据分析，帮助公共部门更好地了解员工的意见和需求。人工智能可对员工的反馈、评论和行为等方面的数据进行深度挖掘，帮助公共部门发现员工的关注点和问题，为公共部门提供更加精准的决策支持。这种基于数据的沟通方式可以更加客观、公正地反映员工的真实需求，增强员工对组织的信任感。

最后，人工智能还可以帮助公共部门实现无障碍的跨语言沟通。这对于拥有多元文化背景和有国际合作需求的公共部门来说尤为重要。通过智能化的翻译工具，员工可以轻松地与不同国家和地区的人员进行交流，促进跨文化合作。

五、降低人力资源管理成本

（一）降低人力成本和时间成本

人工智能技术在不断发展，其在公共人力资源管理中的应用逐渐成为公共部门降低管理成本、提高管理效率的有效手段。

首先，人工智能可以替代部分人力，减轻公共部门的工作负担。人工智能可自动化地进行一些常规工作，如简历筛选、考勤记录、工资核算等，这可减少公共部门在这些环节所花费的时间和精力。这样一来，公共部门可将更多的精力放在战略性的人力资源管理工作上，提高管理效率和整体工作水平。

其次，人工智能还可提高公共部门的工作效率，缩短项目周期，减少时间成本。人工智能可实现智能化的数据分析、预测和推荐，能帮助公共部门更快地完成人才招聘、培训开发、绩效评估等工作。这种高效的工作方式可以缩短项目周期，从而降低时间成本，提高工作效率。

为了充分发挥人工智能在降低人力成本和时间成本方面的作用，公共部门需要采取一系列的配套措施。第一，加强技术培训和学习，公共部门要了解并掌握人工智能技术的应用方法和技巧，提高自身数字化管理能力和创新能力。第二，建立完善的人工智能管理制度，公共部门要明确人工智能技术的应用范围、标准和流程，确保技术的合理应用和规范操作。第三，要关注员工的隐私保护问题，在引入人工智能技术时，公共部门要充分了解员工的意见和需求，确保技术的引入不会给员工的工作和生活带来负面影响；同时，公共部门还要采取有效措施保护员工的个人信息，确保数据的安全性和可靠性。

（二）提高人力资源配置效率

在公共人力资源管理中，人力资源的配置是一个至关重要的环节。人工智能技术的引入，为公共部门提高人力资源配置效率提供了新的解决方案。

首先，人工智能可智能分析员工的技能、兴趣和绩效表现，为公共部门提供合理的配置建议。这种智能化的配置方式可以避免人力资源的浪费，使员工能够在最适合自己的岗位上实现自身的价值。这不仅可以增强员工的工作积极性，还可以提高组织的工作效率。

其次，人工智能还可帮助公共部门建立动态的人力资源配置机制。在传统的人力资源配置机制下，组织往往面临人才流失和供应不足的问题。而借助人工智能，公共部门可实时监测人才供需情况，及时调整人力资源配置策略，确保人才的有效供给和合理利用。这种动态配置机制可提高公共部门人力资源的适应性和灵活性，使其更好地应对外部环境的挑战。

最后，公共部门还要关注员工流动和职业规划问题。在人力资源配置过程中，公共部门要关注员工的职业发展需求，为员工提供良好的职业规划和晋升通道。同时，公共部门还要建立完善的员工流动机制，促进人才的合理流动和优化配置。

为了提高人力资源配置效率，公共部门还需要采取一系列配套措施：第一，注重对员工的培训，公共部门要为员工提供全面的培训，提高其综合素质，为人力资源的优化配置打下基础；第二，建立良好的人才激励机制，公共部门要制定合理的薪酬福利制度，形成合理的晋升机制，激发员工的工作积极性和创造力，提高人力资源的利用效率。

第二节　人工智能在公共人力资源管理中的应用优势及应用场景

随着科技的飞速发展，人工智能在各个领域都展现出了巨大的潜力和价值。在公共人力资源管理方面，人工智能的应用不仅带来了技术革新，更在深层次上推动了公共人力资源管理模式的变革，提升了公共服务的效率和质量。

一、人工智能在公共人力资源管理中的应用优势

（一）提高效率

在公共人力资源管理中，人工智能的应用显著提高了管理效率。传统的人力资源管理方式往往依赖大量的人工操作，如数据录入、薪酬核算、福利发放等，这些工作烦琐且容易出错。而人工智能能实现自动化和智能化的处理，极大减少了人工干预和误差，提高了工作效率。

首先，人工智能技术能快速处理大量数据。无论是员工信息录入、绩效数据处理还是薪酬福利核算，人工智能都能在短时间内进行精确的处理。这不仅减少了数据录入过程中的错误，还能帮助公共部门及时获取准确信息，作出快速决策。

其次，人工智能技术能进行智能分析和预测。通过对历史数据的分析，人工智能能预测人员流动趋势、培训需求、绩效发展趋势等，为公共部门提供决策依据。这种预测功能使公共部门能做好准备工作，更好地优化资源配置，进一步提高管理效率。

最后，人工智能在员工关系管理中发挥着重要作用。例如，人工智能能通过情感分析技术，帮助公共部门及时发现员工之间的矛盾和冲突，为公共部门提供解决建议。这样不仅缩短了公共部门解决问题的时间，还有助于维护组织的稳定。

总之，公共部门能借助人工智能技术快速、准确地处理大量数据，减少人为错误，使管理流程更为顺畅。此外，人工智能还可通过数据分析，为公共部门提供更为精准的人力资源信息，帮助公共部门作出更明智的决定。

（二）精准匹配

人工智能在公共人力资源管理中的应用能实现人才与岗位的精准匹配。在

传统的人力资源管理模式下,人才与岗位的匹配往往依赖于管理者的经验和直觉,缺乏科学性。而人工智能能通过数据分析和智能算法,帮助公共部门提高人才与岗位的匹配度,提高人力资源的利用效率。

首先,人工智能可以通过对大量数据的分析,帮助公共部门深入挖掘员工的潜力和特长。通过对员工的绩效、工作行为和职业发展历程等方面数据的分析,人工智能能帮助公共部门准确评估员工的技能、兴趣和价值观,为提高人才与岗位的匹配度提供科学依据。

其次,人工智能可以根据组织的战略目标和业务需求,为公共部门智能推荐合适的人才。通过对公共部门内外部环境的分析,人工智能能帮助公共部门预测未来的组织结构和人才需求,从而为公共部门推荐最合适的人才。这不仅减少了人才招聘和配置的时间成本,还提高了人才与岗位匹配的准确性和效率。

再次,人工智能还可以根据员工的个人特点和职业发展需求,为其推荐合适的岗位和发展路径。通过智能化的职业规划系统,人工智能能帮助公共部门为员工提供个性化的职业发展建议,进而帮助员工实现个人价值和职业目标。人才与岗位精准匹配的优势还体现在员工岗位的动态调整上。随着组织的发展和变革,员工与岗位的匹配度也可能发生变化。人工智能能实时跟踪和分析员工的工作表现和组织的需求变化,帮助公共部门及时调整匹配方案,确保提高人才与岗位的匹配度。

最后,人工智能还能为公共人力资源管理提供更为丰富和精准的数据支持。在大数据时代,数据已成为决策的重要依据。人工智能能对大量数据进行分析和挖掘,帮助公共部门揭示人力资源管理的内在规律和发展趋势,为公共部门的决策提供有力支持。同时,人工智能还可以对员工的行为、绩效等数据进行分析,帮助公共部门更全面地了解员工需求,为员工提供更为个性化的培训和发展计划。

（三）数据驱动

数据驱动决策是现代管理的重要特征，而人工智能技术的应用，使得公共人力资源管理更加依赖数据分析和挖掘。通过数据驱动，公共部门能够更准确地把握人力资源状况，提高决策的科学性和有效性。

首先，人工智能能快速、准确地处理大量数据，包括员工信息数据、绩效数据、薪酬福利数据等。通过对这些数据的实时分析，公共部门可以全面了解人力资源状况，为决策提供有力支持。以数据驱动为基础的管理方式减少了管理者主观臆断和经验主义的干扰，使决策更加科学。

其次，人工智能能进行深度数据挖掘，发现数据背后的规律和趋势。通过对历史数据的分析，人工智能能帮助公共部门预测未来的人力资源需求、绩效发展趋势等。有了数据支持，公共部门能提前做好准备，优化资源配置，增强人力资源管理的预见性和前瞻性。

最后，数据驱动的优势还体现在员工关系的改善上。通过对员工数据的分析，人工智能能帮助公共部门及时发现员工间的矛盾，并为公共部门提供解决建议。

要发挥数据驱动的优势，公共部门需要应对一些挑战：第一，数据的质量和准确性是关键，只有高质量的数据才能更好地为公共部门进行分析和决策提供有价值的参考；第二，数据隐私保护也是一个重要问题，在搜集和使用员工数据时，公共部门必须严格遵守相关法律法规，确保数据的安全性。

（四）提升员工满意度

人工智能在公共人力资源管理中的应用能提升员工满意度。员工满意度是衡量组织人力资源管理水平的重要指标，也是影响员工工作积极性和留任意愿的关键因素。人工智能能帮助公共部门提供更加智能化、个性化的服务，提高员工的满意度。

首先，人工智能能帮助公共部门提供智能化的培训和职业发展指导。通过分析员工的职业需求和绩效数据，人工智能能帮助公共部门提供合适的培训课程和职业发展建议。这种个性化的培训课程和职业发展建议满足了员工的个人成长需求，能提高他们对组织的满意度。

其次，人工智能能帮助公共部门进行智能化的员工福利管理。通过智能化的福利推荐和管理系统，人工智能能帮助公共部门根据员工的个人需求和偏好，为他们提供定制化的福利方案。这种福利管理方式提高了员工的满意度，增强了他们的归属感。

再次，人工智能还能通过智能化的沟通工具和社交媒体，帮助公共部门及时了解员工的需求。这种沟通方式能让员工感受到组织的关怀，提高他们对组织的满意度。

最后，人工智能有助于提升公共部门决策的公正性。在传统的管理模式下，决策过程往往缺乏透明度，容易引发员工的不满和质疑。而人工智能技术的引入，使得公共部门的决策过程更加公开、透明。例如，利用人工智能算法进行的人才选拔、晋升评估等，能够减少人为因素的干扰，确保选拔和评估的公正性。

提升员工的满意度有利于发挥他们的潜能，为组织创造更大的价值；同时，也有利于鼓励员工推荐人才加入组织，为组织的长远发展贡献力量。

（五）预防风险

人工智能在公共人力资源管理中的应用能预防风险。在公共人力资源管理过程中，组织面临着诸多风险，如员工关系紧张、人才流失等。人工智能的应用，能帮助公共部门预测和识别潜在风险，及时采取措施进行防范，降低风险对组织的影响。

首先，人工智能可通过对大量数据的分析，帮助公共部门及时发现组织内部存在的风险。这些数据包括员工绩效、员工行为模式等方面的数据，通过分析这些数据，人工智能能帮助公共部门发现员工关系紧张、员工工作效率低下等潜在风险，进而采取相关应对措施。

其次，人工智能可通过智能化的法律法规分析系统，帮助公共部门分析相关法律法规，规避法律风险。发现问题时，人工智能可提醒公共部门及时采取解决措施，避免因违规行为导致法律纠纷。

最后，人工智能还可通过人才流失预警系统，帮助公共部门预测关键人才的离职风险。通过对员工的绩效、工作行为和职业发展历程等方面数据的分析，人工智能能帮助公共部门评估员工的忠诚度和留任意愿，为公共部门提供合理的建议。

预测和识别风险，有利于公共部门提前采取相应的措施进行防范，有助于组织的稳定发展，提高组织的竞争力和市场地位。然而，要想更好地发挥人工智能在预防风险方面的优势，公共部门需要克服一些困难：第一，要确保数据的质量，数据质量是确保数据分析结果准确性的关键因素；第二，需要建立完善的内部控制体系和风险管理机制，确保人工智能系统能与组织的管理体系有效融合。

二、人工智能在公共人力资源管理中的应用场景

（一）招聘与选拔

在传统的人力资源管理中，招聘和选拔过程往往依赖人工操作，效率低下且容易受到人为因素的影响。而人工智能的应用，能使公共部门的招聘与选拔工作更高效。

首先，人工智能可自动化筛选简历，帮助公共部门快速筛选出符合招聘要求的候选人。与人工筛选的方式相比，人工智能能更快速、准确地处理大量简历，减少筛选时间，提高招聘效率。同时，人工智能还能根据历史数据和算法，

帮助公共部门预测符合组织文化和岗位需求的候选人特征，更精准地为招聘者推荐候选人。

其次，人工智能还可应用于面试环节。公共部门可借助人工智能面试系统，让候选人选择自动化的面试，而无须面试官参与。人工智能面试系统可根据预设的问题和标准，对候选人的回答进行分析和评估，为公共部门的选拔决策提供依据。此外，人工智能还可以通过语音识别和情感分析等技术，帮助公共部门评估候选人的沟通和表达能力。

（二）培训与发展

随着技术的快速发展，培训与发展已成为公共人力资源管理的重要组成部分。人工智能在培训与发展方面的应用，不仅能提高公共部门的工作效率，也能向公共部门提供员工个性化的学习和发展方案，有利于促进员工的个人成长。

首先，人工智能可通过数据分析和处理，帮助公共部门精准地评估员工的技能和知识水平，为他们提供定制化的学习资源。传统的培训往往采用"一刀切"的方式，忽略了个体差异。而人工智能可根据每个员工的学习特点和学习进度，推荐相应的学习资源和学习路径，实现个性化的学习。这不仅能提高员工的学习效果，还能培养他们的自主学习能力。

其次，人工智能可用于模拟实践和情境学习。对于一些需要大量实践经验的岗位，人工智能可通过模拟现实场景，为员工提供实践机会。例如，公共安全培训、客户服务模拟等，都可以借助人工智能来进行，让员工在风险因素较少的环境中积累实践经验。

最后，人工智能还可帮助公共部门评估员工的学习成果，并及时向员工反馈评估结果。传统的培训反馈周期长，反馈的信息有限。而借助人工智能技术，公共部门可实时跟踪和分析员工的学习数据，快速给出反馈，帮助员工及时调整学习策略。同时，人工智能还可以通过数据分析，为公共部门提供体现培训效果的宏观数据，帮助公共部门优化培训计划。

（三）绩效管理

绩效管理是人力资源管理的重要环节，对组织的持续发展具有重要意义。人工智能在绩效管理中的应用，能提高绩效评估的准确性和效率，为公共部门提供更全面的员工绩效数据，进一步优化公共部门的管理流程。

首先，人工智能可通过自动化数据搜集和整理，帮助公共部门快速获取员工的绩效数据。这不仅降低了时间成本，还减少了人工操作的误差，有利于保证数据的实时性和准确性。同时，公共部门可借助人工智能技术，根据预设的评估标准和方法，对员工的绩效数据进行分析，快速得出评估结果。这为公共部门提供了更快速、准确的绩效评估服务，使公共部门能够及时调整管理策略，优化人力资源配置。

其次，人工智能还可以通过深度学习和模式识别，帮助公共部门对员工的绩效数据进行挖掘和分析，揭示员工绩效的内在规律和发展趋势。这为公共部门提供了更全面的员工绩效数据，能帮助公共部门发现员工的优势和不足。同时，公共部门还可借助人工智能技术构建预测模型，预测员工的未来绩效和发展潜力，为晋升和选拔决策提供有力支持。

最后，人工智能还可以应用于制订个性化的激励方案。公共部门可借助人工智能技术分析员工的绩效数据和行为特征，为员工提供个性化的激励方案，激发他们的工作积极性和创造力。同时，公共部门可借助人工智能技术进行实时反馈，帮助员工了解自己的绩效状况和发展方向，促进他们的个人成长和职业发展。

（四）薪酬福利管理

薪酬福利管理是人力资源管理的重要组成部分，对激励员工进步和促进组织的稳定发展具有重要意义。人工智能在薪酬福利管理中的应用，能让公共人力资源管理更加精细化、个性化,为公共部门和员工提供更高效、便捷的服务。

首先,人工智能可用于数据分析和处理,帮助公共部门制订个性化的薪酬福利方案。传统的薪酬福利管理往往采用"一刀切"的方式,忽略了个体差异。而有了人工智能技术,公共部门可根据员工的工作表现、市场行情和个人需求等因素,为员工制订个性化的薪酬福利方案。

其次,人工智能可以应用于薪酬福利的自动核算和发放。传统的薪酬福利核算和发放需要人工操作,容易出现误差。公共部门可借助人工智能技术实现自动化数据采集和智能核算,快速、准确地完成薪酬福利的核算和发放工作,减少人工操作的误差。这不仅有利于提高工作效率,还确保了数据的准确性和一致性。

最后,人工智能还可用于员工福利的智能化推荐和管理。员工福利是吸引和留住人才的重要手段之一,而福利的推荐和管理需要耗费大量时间和精力,对此,公共部门可借助人工智能技术分析员工的需求和偏好,为他们推荐合适的福利项目,并提供便捷的管理和查询服务。这为员工提供了更个性化和高效的福利服务,也有助于调动员工的工作积极性,提高员工的满意度。

(五)员工关系管理

员工关系管理是维护组织内部稳定、提高员工满意度和忠诚度的重要环节。人工智能在员工关系管理中的应用,能够为公共部门提供更智能化、个性化的服务,使员工与组织之间形成良好的关系。

首先,人工智能可通过数据分析和情感识别,帮助公共部门及时发现员工之间的问题和矛盾。通过对员工社交媒体、内部沟通平台等方面数据的分析,人工智能能帮助公共部门监测员工之间的情感变化和交流模式,从而发现潜在的员工矛盾和冲突。这为公共部门提供了及时解决员工社交问题的机会,避免问题扩大化。

其次,人工智能可用于员工的心理健康管理。随着工作和生活压力的增加,员工的心理健康问题日益突出。人工智能可通过智能心理测评和情感分析系统，帮助公共部门评估员工的心理状态和情绪变化。对于存在心理问题的员工，人工智能可为员工提供相应的心理辅导和干预措施，帮助他们调整心态，缓解压力。

最后，人工智能还可用于员工的职业发展规划制订。人工智能可帮助公共部门分析员工的职业发展需求、工作表现和绩效数据，为员工提供个性化的职业发展指导，帮助他们实现个人价值和职业目标。

第三节　人工智能在公共人力资源管理中应用的问题及解决措施

一、数据安全与隐私保护

在公共人力资源管理领域，随着人工智能技术的广泛应用，数据安全与隐私保护方面的问题越发突出。在这个过程中，如何确保员工数据不被滥用和泄露，成了一个亟待解决的问题。

首先，数据安全涉及数据的保密性、完整性和可用性。在公共人力资源管理中，员工数据是极其敏感和重要的信息，包含了个人身份、教育经历、工作表现等方面的详细情况。一旦这些数据泄露或遭到未经授权的访问、修改，将会侵犯员工的隐私权，损害组织的声誉。因此，在采用人工智能技术时，确保数据安全是公共人力资源管理的首要任务。

为了保证数据安全，公共部门要建立完善的数据管理制度和安全防护体系，比如制定严格的数据访问控制和加密程序，以防止数据泄露和未经授权的访问。同时，公共部门还应定期进行数据安全审计和风险评估，及时发现和修复潜在的安全漏洞。此外，增强员工的安全意识也是必不可少的，可提高员工对数据安全的重视程度。

其次，隐私保护也是一大挑战。在公共人力资源管理中，员工数据涉及个人各个方面的信息，如姓名、身份证号码、联系方式、家庭住址等。在采用人工智能技术处理这些数据时，必须严格遵守相关法律法规的规定，尊重员工的隐私权。这意味着公共部门要制定严格的隐私保护政策，明确数据的搜集、使用和存储的范围和程序，确保员工的隐私得到充分保护。同时，公共部门还应采取一系列的技术手段来加强员工隐私保护。例如，使用匿名化和去标识化技术对数据进行处理，以降低数据泄露的风险。此外，公共部门还可通过加密技术和安全审计等手段来加强对数据的安全防护，确保员工的隐私信息不被泄露。第一，应制定科学的个人信息保护措施，明确员工个人信息的搜集、存储和使用的程序，详细列出数据的搜集范围、使用目的和授权要求，为员工提供清晰、明确的指引。第二，应培养员工的隐私保护意识。公共部门应通过培训、宣传等方式，加深员工对个人隐私保护的认识和理解，增强员工的隐私保护能力。第三，应建立有效的监督机制，定期对个人信息保护政策的执行情况进行检查和评估。组织应设立专门的监督机构或指定专人负责监督个人信息保护政策的执行情况，发现问题后应及时纠正。

二、算法偏见与算法规则不公平

人工智能技术在公共人力资源管理中的应用，如招聘、晋升、绩效评估等，往往是基于某种算法，离不开历史数据和预设规则。然而，如果存在算法偏见或者算法规则不公平等现象，就可能导致不公正的结果。

一方面，算法偏见出现的原因可能是数据本身存在问题。如果用于训练算法的数据集不全面或者存在偏差,可能会导致人工智能的决策存在偏见。也就是说,人工智能算法的学习和决策过程会受到历史数据的影响。例如,如果历史数据中存在性别、种族、年龄等方面的偏见,那么人工智能算法可能会将这些偏见纳入决策过程,导致对某些群体的不公平待遇。再如,如果历史招聘数据中男性比例较高,那么算法可能会倾向于选择男性候选人,导致女性候选人遭到不公平的对待。

另一方面,算法规则不公平问题可能是在算法规则的制定过程中产生的。在制定算法规则时,如果缺乏公正的评估标准和透明的决策过程,那么结果可能就会不公平。例如,如果晋升规则是根据工作绩效评估得分制定的,但评估标准没有经过公正的审查,那么某些员工可能会因为不合理的评估标准而失去晋升机会。另外,由于人工智能技术的发展程度和应用范围有限,不同地区的公共人力资源管理部门在应用人工智能方面可能存在差异。这可能导致一些地区的员工获得更好的工作机会和发展机会,而另一些地区的员工则面临失业和就业机会减少的风险。

为了解决算法偏见与算法规则不公平的问题,公共部门要采取一系列措施。

第一,要确保用于训练算法的数据集是全面和公正的,避免任何形式的歧视和偏差。同时,要对算法进行公正的审查和修改,确保人工智能算法的决策过程是公开透明的,能够被员工理解和接受。同时,公共部门应对算法决策进行解释和说明,以便员工了解自己的权益和待遇。

第二,要建立公平公正的评估标准和监督机制,对算法决策结果进行定期审查和调整。公共部门应制定公平公正的评估标准,确保人工智能算法的决策不会对任何群体产生歧视或不公平。同时,公共部门应建立有效的监督机制,如果发现存在不公正的结果,要及时对算法进行调整。此外,还要建立员工对算法决策结果的监督和反馈机制,鼓励员工提出自己的意见和建议。

第三,注重员工参与和权益保障。公共部门应鼓励员工参与决策过程,充分表达自己的意见和建议。同时,公共部门应保障员工的合法权益,确保员工不会因人工智能的决策而受到不公平待遇。公共部门还要加强与员工之间的沟通和互动，让员工积极地参与进来。与员工合作、共同决策，可减少算法偏见和不公平现象，提高管理效率和服务水平。

第四，推动人工智能技术的普及和发展。公共部门应加强与政府、研究机构的合作，共同推动人工智能技术的普及。人工智能技术的普及和发展，可以缩小不同地区、不同行业之间的差距，保证人工智能所作决策的公平性和公正性。

三、失业

随着人工智能技术的不断发展，其在公共人力资源管理中的应用也日益广泛。然而，这种技术的应用也带来了一些问题，其中之一就是失业问题。

人工智能技术的广泛应用，使得许多原本需要人工完成的工作可以由机器来完成，如数据录入、档案整理等。这无疑提高了工作效率，但也导致了部分岗位的消失。对于从事这些岗位的员工来说，他们可能会面临失业的风险。同时，随着人工智能技术的进一步发展，越来越多的岗位可能会受到影响。例如，智能机器人可以完成一些简单的客服工作，这些变化可能会导致传统岗位的消失，使得失业问题更加严重。

在公共人力资源管理中，如何应对由此带来的失业问题是一大挑战。第一，公共部门要为失业员工提供帮助，给他们提供再就业的机会，如在职业培训、转岗安置等方面提供支持，帮助员工适应新的工作环境等。第二，公共部门要建立完善的失业保障制度，为失业员工提供基本的生活保障。第三，公共部门要考虑如何利用人工智能技术创造新的就业机会。例如，随着人工智能技术的普及，社会对人工智能专业人才的需求也在增加。第四，公共部门可在人工智能相关领域加大投入，培养和引进高水平的人工智能专业人才，推动该领域的发展。第五，公共部门可鼓励企业加大创新力度，开发出更多的人工智能产品，从而创造更多的就业机会。

四、透明度和可解释性

一方面,透明度意味着人工智能的决策过程应当公开、透明,能够被员工、公众以及利益相关者理解和接受。在公共人力资源管理中,保证人工智能决策过程的透明度有助于增强员工对人工智能系统的信任感,减少误解。同时,保证人工智能决策过程的透明度还有助于监管机构对人工智能系统进行监督和评估。此外,对于关键的决策环节,应当提供可追溯的数据记录,以便事后进行审查和验证。

另一方面,可解释性是指人工智能的决策结果应当符合合理的逻辑和因果关系,而不仅仅是基于数据和算法的复杂运算结果。对公共人力资源管理来说,可解释性尤其重要。例如,在涉及员工晋升、薪酬调整等敏感问题时,人工智能系统如果仅仅基于不可解释的算法作出决策,可能会导致不公平的结果,进而引发员工的不满和质疑。为了增强人工智能决策结果的可解释性,公共管理部门应当选择具有良好解释性的算法和模型,同时要在人工智能系统的设计和应用过程中加强监督和审核。此外,对于关键的决策结果,应当进行事后评估和验证,确保其合理性和公正性。

为了保证人工智能决策过程的透明度和决策结果的可解释性,公共部门可采取以下措施:一是加强与利益相关者的沟通与合作,使其参与人工智能系统的设计与应用过程;二是构建独立的第三方评估机制,对人工智能系统进行公正、客观的评估;三是加强对人工智能技术的研究,推动人工智能技术的发展;四是确保数据质量和算法的准确性,人工智能技术依赖大量的数据和算法,其决策过程和结果受到数据质量和算法准确性的影响。如果数据存在偏差或算法存在缺陷,人工智能的决策结果就可能出现错误,导致管理上的混乱和误判。因此,公共部门应确保数据质量。另外,目前的人工智能技术还不具备自适应能力,需要公共部门定期进行人工干预和调整。

五、技术的可靠性与稳定性

人工智能技术的稳定性和可靠性也是一大问题。若人工智能技术的稳定性和可靠性得不到保证，人工智能系统在运行过程中可能会出现各种意外情况，如系统崩溃、数据丢失、算法失灵等。这些问题都可能导致人力资源管理出现混乱，甚至影响整个组织的正常运作。

为了保证人工智能技术的稳定性和可靠性，公共部门需要采取一系列措施。首先，建立完善的技术监测和维护机制，定期对人工智能系统进行监测和维护，确保其正常运行。同时，建立数据质量管理机制和算法审核机制，确保算法的准确性。其次，加强人才培养和技术研究。公共部门要培养一支具备专业技能的人才队伍，以应对各种技术问题。再次，公共部门要加强与高校和研究机构的合作，研究人工智能技术，推动技术的不断进步。最后，公共部门应制订有效的风险管理预案和应急预案。针对可能出现的技术问题，公共部门要制订详细的应急预案，确保问题能够及时得到解决。同时，公共部门要加强与各部门的合作，确保在问题发生时能得到各方面的支持。

六、责任归属

一方面，由于人工智能系统具有自主决策能力，其决策结果可能与人类的意图不完全一致，甚至可能违反人类的价值观和伦理准则。在这种情况下，确定责任归属变得复杂。是应该追究开发者的责任，还是追究使用者的责任？是应让机器承担责任，还是让人类承担责任？这些问题都缺乏明确的答案。

另一方面，由于人工智能系统的决策过程不够透明，使得责任主体的确定变得困难。传统的责任机制是基于透明的决策过程和可追溯的责任链构建的。然而，人工智能系统的黑箱特性使得我们无法全部了解其决策背后的原因，从而难以确定责任主体。这可能导致推诿扯皮的问题，不利于问题的有效解决。

为了解决责任归属问题，公共部门需要采取一系列措施。首先，公共部门应制定详细的人工智能使用规范和责任条款，明确规定在不同情况下各方的责任和义务，这有助于减少推诿扯皮现象。其次，要提高决策过程的透明程度。公共部门应努力让人工智能决策过程更透明。注重算法的透明程度和可解释性，可以帮助我们更好地理解人工智能决策背后的逻辑和原因，从而更好地确定责任归属。再次，要建立有效的监督机制。公共部门应设置专门的监督机构或指定专人，负责对人工智能系统进行监督和审查。定期的检查和评估，有利于公共部门及时发现潜在的风险，并采取相应的措施。最后，要加强培训和教育。公共部门应加强对员工的培训和教育，增强员工的伦理意识和责任意识。增强员工的伦理意识和责任意识，可减少不负责任的应用行为，促进组织的可持续发展。

七、法规与政策的滞后

虽然人工智能技术在公共人力资源管理中得到广泛应用，但相关法律法规却没有跟上技术发展的速度。这导致了一些问题，如人工智能决策的合法性问题、数据隐私保护问题、责任归属问题等。由于缺乏明确的法规和政策指导，公共部门在应用人工智能时往往面临无法可依的难题，这给公共部门的管理和决策带来了不确定性和风险。

法规与政策的滞后还可能导致公共部门在应用人工智能时过于保守。由于缺乏明确的法规支持，一些部门可能会担心因使用人工智能而引发的法律纠纷和责任问题，因此选择不使用或限制使用人工智能。这不仅限制了人工智能在公共人力资源管理中的应用，也阻碍了公共部门的发展。

为了解决法规与政策滞后的问题，公共部门需采取一系列措施。首先，公共部门要加强与立法机构的沟通与合作，推动相关法律法规的完善。公共部门应积极参与立法过程，为政策制定提供实践经验和专业建议，促使法规和政策更好地推动人工智能技术的发展。其次，公共部门应加强内部管理，制定符合现行法规和政策的人工智能应用规范，如人工智能决策规范、数据隐私保护规范、责任归属规范等，为组织的管理和决策提供指导。再次，公共部门应加强与法律专业机构的合作，寻求法律咨询和帮助。通过与专业机构的合作，公共部门可以更好地理解法律法规的要求，规避法律风险，确保人工智能应用的合法性。最后，公共部门还应积极开展国际交流与合作，借鉴其他国家和地区的成功经验和实践案例。通过国际交流与合作，公共部门可以了解国际上关于人工智能法律法规的最新动态，为我国相关法规的制定提供借鉴。

八、人机协作中的伦理问题

随着人工智能技术的不断发展，人机协作已成为公共人力资源管理中不可或缺的一部分。人机协作不仅提高了工作效率，还带来了许多伦理问题。其中最突出的问题是人与机器之间的关系问题。机器能否取代人类在公共人力资源管理中扮演的角色？这是需要深入思考和探讨的问题。在公共人力资源管理中，一些常规性和重复性的工作，如数据录入、信息检索等，可以被机器取代。然而，涉及人的情感、价值观、判断力等方面的问题，机器还无法完全取代人类。例如，在绩效考核、员工关系管理等工作中，人类的情感和判断力是不可或缺的。

因此，在人机协作中，需要明确机器和人类各自所扮演的角色，避免职责的混淆。此外，人机协作还涉及数据隐私和信息安全等方面的问题。在公共人力资源管理中，员工的数据隐私和信息安全是非常重要的。然而，随着人机协作工作方式的普及，员工的个人信息和敏感数据有可能被机器搜集、存储和使用。如果这些数据被泄露或滥用，员工的隐私安全将会受到严重威胁。因此，在人机协作中，要注重隐私保护和数据安全，确保员工的个人信息和敏感数据不被滥用。

第四节　人工智能在公共人力资源管理中应用的建议

一、建立健全法规和政策框架

法规和政策是规范和引导人工智能应用的重要保障,能够确保公共人力资源管理在人工智能应用方面的合法性、规范性和可持续性。

首先,健全的法规框架能为人工智能在公共人力资源管理中的应用提供法律基础。政府应当制定相关法律法规,明确人工智能在公共人力资源管理中的地位、作用和要求,明确使用方的权利、义务和责任。同时,法规框架应当对使用者在应用人工智能过程中的数据搜集、使用、处理和保护等作出明确规定,保障个人隐私,防止数据被滥用。

其次,政策框架能为人工智能在公共人力资源管理中的应用提供政策支持。政府应当制定相关政策,鼓励公共部门积极探索人工智能技术的应用渠道,提高管理效率和服务水平。政策框架包括财政支持、税收优惠、人才培养等方面的措施,它能为人工智能在公共人力资源管理中的应用提供有力支持。

在建立健全法规和政策框架的过程中,政府应充分考虑人工智能技术发展的特点和公共人力资源管理的实际需求。同时,政府应当加强与相关企业和专家学者的沟通与合作,广泛听取意见和建议,确保法规和政策的科学性、可行性。

此外，政府应当加强对人工智能应用的监管和评估。政府应建立有效的监管机制，对公共人力资源管理中的人工智能应用进行定期检查和评估，确保其合法合规、安全可靠。同时，政府应当建立评估机制，对人工智能在公共人力资源管理中的实践效果进行评估，及时发现问题和不足，并提出改进建议。

二、加强教育和培训

人工智能技术的不断发展，使社会对相关人才的需求也越来越大。教育和培训是培养人才、加深公众对人工智能认识的重要途径。

首先，政府和教育机构应加大对人工智能相关学科的投入，在高等教育中开设人工智能专业，吸引更多的学生选择人工智能相关专业，培养具有创新精神和实践能力的人才。同时，政府可以制定政策加强公共部门、高校和研究机构之间的合作，培养人工智能领域的人才。

其次，公共部门应加强对员工的教育和培训。公共部门员工除了要掌握人力资源管理方面的专业知识和技能，还要了解人工智能的基本概念、原理和应用方法。公共部门可通过组织内部培训、外部培训等形式，提高员工的人工智能应用水平，使他们更好地应用人工智能技术，提高工作效率和服务水平。

再次，社会各界应加强对公众的教育，普及人工智能相关知识。社会各界可通过媒体宣传、社区活动、科普讲座等形式，向公众普及人工智能的基本知识，加深公众对人工智能的认识和理解。这有助于消除公众对人工智能的误解，为人工智能的发展和应用营造良好的社会环境。同时，对学习者的教育和培训应注重实践性和应用性。理论知识和实践操作相结合，能让学习者更好地理解和掌握人工智能技术。例如，社会各界可通过案例分析、项目实践和实地考察等形式，让学习者亲身体验人工智能在公共人力资源管理中的应用效果，提高学习的效果和质量。

最后，公共部门应建立完善的人才评价体系。公共部门可将人工智能知识和技能纳入人才评价体系，鼓励员工学习和掌握人工智能技术。同时，公共部门应构建激励机制，对在人工智能应用方面取得突出成绩的员工给予奖励，为他们提供晋升机会，以激发员工的积极性和创造力。

三、建立合作机制

建立合作机制有利于各方可以共享资源、知识和经验，共同应对挑战，实现互利共赢。

首先，政府应发挥主导作用，促进公共部门与私人部门之间的合作。公共部门在政策和数据方面具有优势，而私人部门在技术研发和应用方面较为领先。"公私合作"可以整合双方的优势资源，推动人工智能在公共人力资源管理中的创新应用。例如，政府可与科技企业合作开展项目，共同研发适用于公共部门的人工智能技术。

其次，建立跨界合作平台，促进不同领域之间的交流与合作。跨界合作能激发新的创意，推动公共人力资源管理的变革。公共部门可搭建合作平台，汇聚各方资源，加强信息交流，促进知识分享。例如，可成立跨领域的专家委员会、工作组，共同探讨人工智能在公共人力资源管理中的应用前景和挑战。

再次，建立合作伙伴关系，实现资源共享和优势互补。公共部门可与其他组织、高校或研究机构建立合作伙伴关系，共同开展研究、培训和技术应用等活动。资源共享可降低成本、提高效率，同时加快知识的传播。

最后，积极参与国际合作与交流，借鉴国际先进经验。国际上的人工智能应用方面已经取得一些成功经验。通过参与国际合作与交流，公共部门可以了解国际前沿动态，借鉴先进经验，提高人工智能应用水平。

为了建立有效的合作机制，公共部门要注意以下几个方面的问题。首先，应建立明确的合作目标和规则，确保各方的权益得到保障。其次，应加强沟通与协作，促进信息的流通和知识的共享。再次，应构建评估机制，对合作项目的进展和效果进行定期评估,及时调整合作方式和策略。最后,应不断完善合作机制。随着人工智能技术的不断发展和公共人力资源管理需求的不断变化,合作机制也要随之调整。持续创新和改进,有利于保持合作机制的活力,更好地适应时代的发展要求。

四、注重数据安全和隐私保护

随着人工智能技术的普及,数据安全和隐私保护问题越发突出,成为公众关注的焦点。因此,必须采取有效的措施来保障数据安全。

首先,完善数据安全和隐私保护方面的法律法规。政府应完善相关法律法规,明确数据安全和隐私保护的标准和要求,对公共人力资源管理中涉及的数据的搜集、存储、使用和共享等环节进行规范。同时,应当加大对违法行为的惩处力度,确保法律法规的有效执行。

其次,研发和应用数据安全和隐私保护的相关技术。公共部门应积极探索和应用先进的数据加密、访问控制、身份认证等技术手段,确保数据的机密性、完整性和可用性。同时,公共部门应建立完善的数据备份和恢复机制,防止数据丢失或损坏。

再次,建立数据安全和隐私保护的监管机制。政府应当设立专门的监管机构,对公共人力资源管理中的人工智能应用进行监督、检查。监管机构应当定期开展与数据安全和隐私保护相关的评估和审计工作,及时发现存在的问题,确保数据安全。同时,公共部门应加强与数据安全和隐私保护相关的宣传教育。公共部门可开展宣传教育活动,加深员工对数据安全和隐私保护的认识和理解;培养员工的数据安全意识,使他们在实际工作中能自觉遵守相关法律法规,确保数据利用的合法性。

最后,建立与数据安全和隐私保护相关的国际合作机制。随着全球化进程的加快,数据流动成了不可避免的趋势。国际社会应当加强在数据安全和隐私保护方面的合作与交流，共同制定国际标准和规范，推动人工智能在公共人力资源管理中的应用。

五、要有伦理意识和正确的价值观

随着人工智能技术的快速发展，伦理问题逐渐突出，成为业界关注的焦点。在公共人力资源管理中，公共部门为了确保人工智能技术得到合法、合理的应用，必须强调正确价值观的引导和规范作用。

首先，应当引导员工树立正确的伦理意识。公共部门应加强对员工的伦理教育和培训，使他们了解人工智能技术在应用时可能涉及的伦理问题，提高他们对伦理问题的敏感度。同时，公共部门应建立伦理审查机制，对人工智能在公共人力资源管理中的应用进行伦理评估和审查，确保其符合伦理规范。

其次，明确人工智能应用的价值观导向作用。在公共人力资源管理中，公共部门应坚守公平、公正、尊重等价值观，确保人工智能技术的应用符合这些价值观的要求。例如，在员工招聘、绩效评估和员工晋升等方面，公共部门应当遵循公平原则，避免歧视和不公现象。同时，国家应当加强数据治理和伦理监管。国家应当制定数据治理政策和伦理监管机制，规范人工智能在公共人力资源管理中的数据采集、数据使用和数据共享等一系列行为，对侵犯隐私、滥用数据和歧视性算法等行为进行惩处，以维护社会公正，保障公共利益。

再次，鼓励社会参与和公众监督。公共部门可以公开、透明的方式，让公众了解人工智能在公共人力资源管理中的应用情况，并对其进行监督和评价。同时，公共部门应积极听取社会各界的意见和建议，推动人工智能技术的合理应用。

最后，加强国际合作与交流。公共部门可通过国际交流与合作，与国际社会共同探讨在公共人力资源管理中因应用人工智能技术而造成的伦理问题及其解决方案，推动自身在该领域的进步。

第六章　公共人力资源管理数字化

第一节　公共人力资源管理数字化的发展历程及发展趋势

一、公共人力资源管理数字化的发展历程

随着科技的飞速发展，数字技术已经渗透到各个领域，公共人力资源管理也不例外。数字技术在公共人力资源管理中的应用，极大地改变了公共人力资源传统的管理模式，提高了管理效率，为公共部门的人力资源管理带来了革命性的变革。

（一）数字技术的引入与初步应用

1.电子化人力资源管理

电子化人力资源管理是公共人力资源管理数字化的重要开端。通过引入计算机技术，公共部门实现了人力资源信息的电子化存储、查询和使用。这种变革使得人力资源管理更为高效、便捷。与传统的纸质文档管理相比，电子化人力资源管理大大降低了信息处理的时间和错误率，提高了管理效率。同时，这也为后续的数据分析提供了基础。

2.人力资源信息系统的兴起

在电子化人力资源管理的基础上,人力资源信息系统开始崭露头角。人力资源信息系统是一个综合性的系统,集人力资源信息管理、数据分析、流程自动化等功能于一身。该系统能整合各个模块,优化了公共人力资源管理的各个环节,使得公共部门能够更加高效地进行员工招聘、培训、绩效评估等工作。同时,人力资源信息系统还具有强大的数据分析功能,能帮助公共部门更好地了解人力资源状况,制定科学的人力资源政策。

(二)数字技术的深入应用与创新

前文已有所述,大数据和人工智能技术发展迅速,它们在公共人力资源管理中的应用也越来越广泛。大数据技术为公共部门提供了海量的数据资源,通过数据挖掘和分析,公共部门可更加深入地了解员工的绩效表现、培训需求等方面的信息。人工智能技术则可自动化地处理大量重复性工作,提高人力资源管理的效率。例如,通过人工智能技术,公共部门可以实现自动化招聘、智能排班等,大大提高了管理效率。

云计算和物联网技术也为公共人力资源管理带来了新的机遇。云计算技术可以实现人力资源数据的集中存储和管理,提高了数据的安全性和可维护性。同时,通过云计算技术,公共部门可与其他部门协同工作,更好地进行数据共享和信息交流。而物联网技术则可帮助公共部门实时监测员工的绩效表现和工作状态,为人力资源管理提供更加精准的数据支持。

二、公共人力资源管理数字化的发展趋势

（一）数字技术与其他先进技术的进一步融合，将提升人力资源管理效率

随着科技的不断发展，公共人力资源管理数字化将迎来更多的技术突破和创新。在未来，数字技术将进一步与其他先进技术融合，为公共部门的人力资源管理带来更大的便利。

首先，数字技术将在人力资源管理的各个环节发挥着越来越重要的作用。例如，自动化招聘系统可实现智能筛选简历，大大提高招聘效率；智能排班系统可根据实际情况自动调整工作时间和人员配置，实现资源的合理利用；智能绩效评估系统可通过数据分析，更客观、准确地评价员工的表现。

其次，数字技术将使人力资源管理工作更加精细化。借助数字化设备，公共部门可以实时监测员工的工作状态和需求，为员工提供更加个性化的服务。例如，智能工位可根据员工的需求自动配置设备和调节环境条件，提高员工的工作效率。

最后，数字技术的发展将为公共部门提供更加灵活、高效的人力资源管理解决方案。例如，借助云端存储技术，公共部门可随时随地访问数据和应用程序，提高工作效率。同时，数字技术还可实现各部门之间的信息共享和资源整合，促进跨部门的协同合作。这些技术的融合与创新将进一步提升公共人力资源管理效率，为公共人力资源管理提供有力支持。

（二）数据驱动的决策成为常态，为公共人力资源管理的发展提供有力支持

随着数字技术的不断发展，数据在决策中的作用将越来越重要。在未来，数据驱动的决策会成为一种常态，为各项政策和项目提供有力支持。

首先，数据搜集和分析的能力将不断提升。公共部门将借助先进的技术手段和工具，搜集更加全面、准确的数据，为决策提供科学依据。同时，数据分析的方法和模型将不断得到改进和完善，这可以提高决策的科学性。

其次，数据驱动的决策将更加注重实践应用。公共部门将根据实际情况和需求，确定具体的可持续发展目标并制订相应的发展计划。通过数据监测和分析，公共部门可及时发现和解决发展中的问题，调整政策和措施，确保可持续发展目标的实现。

最后，数据驱动的决策将提升公共部门工作的开放性和透明度。公共部门将更加注重与利益相关方的沟通与合作，分享数据和信息，增强决策的公信力。同时，数据驱动的决策还有利于监督和评估工作的开展，确保公共人力资源管理工作的有效性和可持续性。

（三）跨界合作与共享经济模式在人力资源管理中将得到更广泛的应用

随着数字技术的不断发展和跨界融合的趋势日益明显，跨界合作与共享经济模式将在人力资源管理中得到广泛应用，为公共部门的可持续发展注入活力。

首先，跨界合作将成为人力资源管理的新常态。公共部门将与其他领域的企业、机构、社会组织等开展广泛合作，推动可持续发展目标的实现。跨界合作将促进信息共享、资源整合和知识交流，打破传统行业的界限，为人力资源管理工作提供更多元化、更高效的解决方案。例如，公共部门可以与科技企业合作，引入先进的人力资源管理技术和工具，提高工作效率；与教育机构合作，进行员工培训和人才培养，提升员工的专业素质和创新能力。

其次，共享经济模式将在人力资源管理中发挥重要作用。共享经济模式可通过平台化、协同化、众包化等方式，优化资源配置，提高工作效率，为公共部门的人力资源管理带来新的机遇。例如，公共部门可通过共享平台，灵活调配人力资源，应对突发事件；利用众包模式，将部分工作任务外包给外部专业团队或个人，以提高工作效率和质量；通过平台化协作，整合多方资源，推动不同主体共同完成复杂的项目和任务。

为了更好地实现跨界合作与共享经济模式在人力资源管理中的广泛应用，公共部门需要采取一系列应对措施。第一，加强数字化基础设施建设，提高信息传输和资源整合的能力，为跨界合作的开展和共享经济模式的应用提供有力支持。第二，建立完善的人力资源管理制度，在合法、合规的框架内确保跨界合作的顺利进行以及共享经济模式的正常运行。第三，加强对员工的培训和教育，培养员工的数字化素养，增强员工的跨界合作意识，培养一批具备创新思维和跨界能力的人才。第四，鼓励创新和实践，探索数字技术在跨界合作与共享经济模式中的更多应用场景，为公共部门的可持续发展注入动力。

跨界合作与共享经济模式的广泛应用，有利于实现公共人力资源管理的数字化、高效化和灵活化，为公共部门的可持续发展提供有力支持。通过优化资源配置、提高工作效率和创新人才培养等方面的工作，公共部门能更好地应对面临的挑战，推动经济、社会和环境的协调发展。

（四）强化数据安全与隐私保护，确保可持续发展进程中的信息安全

随着公共人力资源管理数字化的深入发展，数据安全与隐私保护的问题也日益突出。在可持续发展进程中，确保信息安全对于维护公共利益、提升公共部门的公信力以及推动公共部门各项工作的顺利进行具有重要意义。

首先，数据安全是数字化发展的基础。公共部门需要采取一系列技术和管理措施，保障数据存储、传输和处理的安全性，如建立完善的数据加密、访问控制和审计机制，防止数据被非法获取、篡改等。同时，公共部门要加强对数据使用的监管，防止数据被滥用。

其次，隐私保护是数字时代的重要课题。公共部门需要充分尊重和保护员

工的隐私权，避免在数字化管理过程中侵犯员工的个人隐私。公共部门需要制定隐私保护措施，明确数据的搜集、存储和使用规范，确保员工个人隐私得到合法、合规的保护。同时，加强对员工的教育，提升员工对隐私保护的重视程度，提高员工的自我保护能力。

最后，强化数据安全与隐私保护还需要建立完善的法律法规和标准体系。政府要制定相应的法律法规，明确数据安全与隐私保护的标准和要求，加强对公共部门数字化管理的监管和审计。同时，鼓励和推动相关行业组织和企业制定更加细致和实用的标准、规范和指南，形成完善的数据安全与隐私保护体系。

（五）培养具备数字化素养的人力资源管理人才，引领可持续发展方向

随着数字技术的快速发展，具备数字化素养的人力资源管理人才在公共部门可持续发展中发挥着越来越重要的作用。培养具备数字化素养的人才，将有助于公共部门在人力资源管理方面不断创新。

首先，具备数字化素养的人才通常具备数字化思维和创新能力。在数字时代，公共部门的人力资源管理工作需要不断应对技术变革带来的挑战。具备数字化素养的人才通常具有数字化思维和创新意识，能提出新的管理理念和方法，推动公共人力资源管理工作的创新发展。

其次，具备数字化素养的人才通常具备数据分析和决策能力。在数据驱动决策成为常态的背景下，具备数字化素养的人才能运用数据分析工具和方法，对人力资源数据进行深入挖掘和解读，为决策提供科学依据。同时，他们还能根据数据分析结果，制定更加精准、有效的管理策略和措施，提高人力资源管理的效率。

最后，具备数字化素养的人才通常具备跨界合作和沟通能力。在跨界合作与共享经济模式成为人力资源管理新常态的背景下，具备数字化素养的人才能与其他领域的人才进行有效的交流与合作，推动组织可持续发展目标的实现。

他们能运用数字化工具和平台,促进信息共享和资源整合,加强与其他部门的协同合作,提高整体工作效率。

为了培养具备数字化素养的人力资源管理人才,公共部门需采取一系列措施。第一,加强培训和教育,增强员工的数字化意识,提高员工的技能水平。通过定期开展数字化培训、研讨会和工作坊等活动,帮助员工了解数字技术的发展趋势和前沿理念,提高他们在数字化环境下的工作能力。第二,鼓励创新和实践,为员工提供宽松的创新环境。公共部门可采取设立创新奖励、支持员工参与创新项目等方式,激发员工的创新热情和创造力,推动他们在人力资源管理数字化方面取得突破性成果。第三,加强人才引进和培养机制的建设。公共部门可招聘具备数字化素养的人才,建立完善的人才培养体系和激励机制,为公共部门的人力资源管理工作注入活力。

第二节 公共人力资源管理数字化人才培养

一、公共人力资源管理对数字化人才的需求分析

(一)具备数字技术的人才

随着社会的不断发展,数据分析、云计算和人工智能等技术在公共人力资源管理中发挥着越来越重要的作用,因此具备这些技术的人才成了公共部门急需的人才类型。

随着数据驱动决策的普及,公共部门需要大量具备数据分析技能的人才,

以便从海量数据中提取有价值的信息，为决策提供科学依据。数据分析人才能运用数据分析工具和方法，对人力资源数据进行深入挖掘和解读，为人力资源的规划、招聘、培训、绩效管理等各个环节提供精准的数据支持。

为了满足公共人力资源管理对数字化人才的需求，公共部门需要采取一系列措施。首先，应加强与高校、培训机构的合作，共同培养具备数字技术的人才。公共部门可制订科学的人才培养计划，合理设置课程，为高校学生和在职人员提供专业化的数字技术培训，以满足公共部门对数字化人才的需求。其次，应鼓励员工进行自主学习，提高个人的数字技术水平。公共部门可提供一定的学习资源和支持，鼓励员工通过在线课程、工作坊和研讨会等方式进行自主学习，提高自身的数字技术水平。最后，应注重外部人才的引进和招聘工作。公共部门可制定具有吸引力的招聘策略，提供良好的职业发展机会，吸引更多具备数字技术的人才加入公共部门，推动人力资源管理的数字化进程。

（二）跨界融合人才

在数字时代，跨界融合已成为各行各业发展的趋势。公共部门的人力资源管理也不例外，跨界融合人才成了公共部门急需的人才类型。这类人才具备多学科背景，能够适应跨领域合作与创新的需求，为公共部门的人力资源管理工作注入活力。

跨界融合人才具备丰富的知识体系和跨学科视野。他们能够理解不同领域的知识和思维方式，打破传统学科的界限，提出创新方案。在公共人力资源管理中，跨界融合人才能将人力资源管理与心理学、社会学、经济学等其他学科相结合，为公共部门提供更加全面、系统的人力资源管理策略。

跨界融合人才还具备较强的沟通与合作能力，在与其他领域的企业、机构、社会组织等开展合作时，他们能够有效地整合各方资源，共同推动项目的实施；同时，他们还具备团队协作精神，能与其他部门和团队成员密切合作，共同完成任务。

此外，跨界融合人才还具备创新意识和创造力。他们能够运用多学科知识，提出新颖的人力资源管理理念和方法，推动公共人力资源管理工作的创新发展。在面对新的挑战时，他们也能灵活应对，寻找新的突破口和发展方向。

为了满足公共人力资源管理对跨界融合人才的需求，公共部门需要采取一系列措施。首先，应加强与高校、研究机构等的合作，共同培养具备多学科背景的人才。公共部门可制订科学的人才培养计划，为学生提供跨学科学习的机会，让他们具备多学科视野和思维方式。其次，应鼓励员工进行自主学习，提高自身的跨界融合能力。公共部门可以提供一定的学习资源，鼓励员工通过在线学习等方式进行自主学习，提升多学科应用能力。最后，应注重外部人才的引进和招聘工作，制定具有吸引力的招聘策略，吸引更多具备多学科背景的人才加入公共部门。

（三）具备创新思维的管理人才

在数字时代，公共部门面临着技术变革和组织调整的压力。为了适应这一变化，公共部门对具备创新思维的管理人才的需求日益增强。这类人才能帮助组织适应数字化变革，推动公共人力资源管理工作的创新发展。

具备创新思维的管理人才通常具备敏锐的洞察力和前瞻性思维。他们能够迅速捕捉数字技术的发展趋势，并将其应用于公共部门的人力资源管理工作。这类人才敢于打破传统思维模式，勇于尝试新的管理理念和方法，推动公共人力资源管理工作的创新发展。同时，具备创新思维的管理人才还具备较强的组织管理能力。他们了解组织变革的过程和挑战，具备丰富的管理经验和技能。这类人才能够有效地推动组织变革，协调各方资源，解决变革过程中遇到的问题，确保变革的顺利进行。

此外，具备创新思维的管理人才还具备良好的沟通协调能力。他们能够与不同层级的员工进行有效沟通，了解员工的诉求和期望，并为其提供支持和指导。同时，具备创新思维的管理人才还具备团队协作精神，能够与其他部门和团队成员密切合作，共同推动组织的变革和发展。

为了培养具备创新思维的管理人才，公共部门需要采取一系列措施。首先，应加强员工培训和教育，提高员工对数字技术和管理的认知水平。公共部门可通过定期开展培训、研讨会和工作坊等活动，帮助员工了解数字技术的发展趋势和前沿理念，提高其管理能力。其次，应鼓励员工参与创新项目和实践，为其提供更多的实践机会。公共部门可通过设立创新奖励基金、支持员工参与创新项目等方式，激发员工的创新热情和创造力，培养其创新思维。

（四）具备可持续发展理念的人才

随着可持续发展成为全球共同的目标，具备可持续发展理念的人才在公共人力资源管理中发挥着越来越重要的作用。这类人才能够将可持续发展理念融入人力资源管理实践中，推动公共部门的可持续发展。

具备可持续发展理念的人才通常具备高度的社会责任感。他们关注公共部门在实现可持续发展目标中扮演的角色，致力于推动公共部门在环境保护、社会公正和经济繁荣方面取得积极成果。这类人才还具备较强的跨领域合作能力。他们能与其他领域的专家、企业和非政府组织进行有效的交流与合作，共同推动可持续发展目标的实现。在跨领域合作中，他们能充分发挥自身优势，整合各方资源，为公共部门提供切实可行的可持续发展方案。

此外，具备可持续发展理念的人才通常具备创新思维。他们能够运用创新的方法和手段，推动公共人力资源管理创新，以适应可持续发展的需求。同时，他们也具备管理经验和技能，能够应对变革过程中的挑战，确保可持续发展目标的顺利实现。

为了培养具备可持续发展理念的人才，公共部门需要采取一系列措施。首先，应加强对员工的培训和教育，提高员工对可持续发展的认识水平。公共部门可通过开展与可持续发展相关的培训活动，帮助员工深入理解可持续发展的理念，提高其跨领域合作能力。其次，应鼓励员工参与可持续发展项目，为其提供更多的实践机会。公共部门可通过设立可持续发展目标、支持员工参与相关项目等方式，激发员工的创新热情，培养员工的可持续发展理念。

二、公共人力资源管理数字化人才的培养策略

（一）完善现有教育培训体系

在公共人力资源管理数字化人才的培养中，政府和高校需要共同参与，完善现有的教育培训体系，以满足不同层面的人才需求。

首先，政府应该加大对公共人力资源管理数字化培训的投入，提供相关支持。例如，政府可与高校、培训机构等合作，制订数字化培训计划，为公共部门员工提供系统化的数字化培训；政府还可设立数字化培训项目，鼓励公共部门员工积极参加，提高其数字化技术水平。

其次，高校是培养公共人力资源管理数字化人才的重要基地。高校应加强数字化课程建设，增加数字化课程和实践环节，帮助学生掌握数字技术。高校还可与企业、政府等合作，开展跨界合作项目，为学生提供更多的实践机会。同时，高校也可定期举办培训会和研讨会，为学生和员工提供更新知识体系和技能的机会，以适应数字时代的发展需求。

（二）建立数字化人才库

为了更好地管理和培养公共人力资源管理数字化人才，建立数字化人才库是一个有效的途径。

首先，数字化人才库的建立需要整合政府、企业、高校等多方资源，使其共同参与数字化人才的培养和管理。政府可以提供政策支持和资金保障，企业可以提供实践经验和实际操作机会，高校可以提供知识和人才资源等方面的支持。通过整合这些资源，数字化人才库可为公共部门提供全面的人才支持和

服务。

其次，建立数字化人才库需要搭建一个人才交流平台，促进跨界人才的流动与合作。这个平台具备人才信息查询、在线交流、项目合作等功能，能帮助跨界人才更好地进行沟通和合作。跨界合作可促进知识共享和创新，推动公共人力资源管理工作的创新发展。

最后，建立数字化人才库还需要建立数字化人才评价体系，为选拔优秀人才提供依据。数字化人才评价体系可对数字化人才的技能、经验和绩效等进行评估和评价，为公共部门选拔优秀数字化人才提供参考依据。建立数字化人才评价体系，可以更好地管理和激励数字化人才，提高其工作积极性和创造力。

（三）探索适应数字化发展的新模式

1.远程教育与在线学习

随着互联网技术的发展，远程教育与在线学习成为一种新的学习方式。这种方式可以打破地域限制，提高教育的普及率，使更多人有机会接受数字化培训。通过在线课程、远程讲座、网络研讨会等形式，学生可以随时随地学习，更加灵活地安排学习时间。此外，在线学习平台还可以提供丰富的数字化教学资源，帮助学生更好地掌握数字技术。

2.实践导向的教育模式

实践导向的教育模式注重学生的实际操作能力和经验积累。通过加强校企合作，学生可参与到实际项目中，将理论知识与实际操作相结合，提高解决实际问题的能力。此外，实践导向的教育模式还可通过项目制、实习制等形式对学生进行教育，为学生提供更加贴近实际工作的机会。这种方式有助于学生更好地理解和应用所学知识，提高其综合素质和职业竞争力。

3.个性化教育模式

个性化教育模式关注学生的个性差异和特长，根据学生的兴趣和特点制订个性化的培养方案。这种模式不仅可以充分发挥学生的主观能动性，激发学生的学习兴趣和潜力，还能让学生根据自己的需求和目标进行有针对性的学习。个性化教育模式需要教育机构提供更加灵活的教育服务，同时也需要教师具备更高的教学水平。

（四）将可持续发展理念融入人才培养全过程

第一，加强相关课程建设，加深学生对可持续发展理念的认识和理解。高校和培训机构应加强相关课程的建设，如环境科学、社会学、经济学等。通过这些课程的学习，学生可以深入了解可持续发展的概念、原则和实践过程，提高对可持续发展理念的认识和理解。同时，这些课程还可帮助学生掌握与可持续发展理念相关的技能，为他们未来参加工作奠定基础。

第二，开展可持续发展实践活动，鼓励学生参与可持续发展的项目。要想加深学生对可持续发展理念的理解，仅仅依靠课堂教育是不够的，还需要通过实践活动。高校和培训机构可组织学生参与可持续发展活动，如环保志愿者活动、社区服务活动、企业社会责任活动等。通过亲身参与和实践，学生可更好地理解可持续发展理念，培养自身的社会责任感和环保意识。

第三，培养学生的责任感和使命感，引导他们成为推动社会可持续发展的重要力量。除了知识和技能的培养，还要注重培养学生的价值观。高校和培训机构应引导学生认识到可持续发展理念的重要性，培养他们的责任感和使命感。通过教育和宣传，高校和培训机构要让学生意识到自己是推动社会可持续发展的重要力量，鼓励他们积极参与有助于社会可持续发展的活动。

第三节　公共人力资源管理数字化绩效评估

一、公共人力资源管理数字化绩效评估现状及挑战

（一）公共人力资源管理数字化绩效评估现状

1.数字化绩效评估系统的普及程度

随着信息技术的快速发展，数字化绩效评估系统在公共人力资源管理中的应用越来越广泛。目前，大部分公共部门引入了数字化绩效评估系统，实现了评估过程的数字化、智能化。在一些先进的公共部门，数字化绩效评估结果已经成为职务晋升、奖励先进的重要依据，这对提高组织效率和公共服务质量有积极的推动作用。

然而，尽管目前数字化绩效评估系统的普及程度较高，但仍存在一些问题。一方面，数字化绩效评估系统的建设需要投入大量的人力、物力和财力，对于一些财政预算有限或技术条件落后的公共部门来说，实现数字化绩效评估仍存在一定的困难。另一方面，数字化绩效评估系统的应用需要员工具备一定的信息技术素养，能够熟练操作相关系统，这对于一些年龄较大或信息技术水平较低的员工来说是一个挑战。

2.数字化绩效评估与传统绩效评估的比较

数字化绩效评估方式相较于传统的绩效评估方式具有明显的优势。首先，数字化绩效评估更加客观、公正。传统的绩效评估往往受到主观因素的影响，而数字化评估则依赖具体的数据和指标，减少了人为因素的干扰，使得评估结果更加客观、公正。其次，数字化绩效评估更加高效、便捷。系统可以自动处

理大量的数据，大大提高了评估的效率，同时也减少了人为错误。此外，数字化绩效评估还可以提供更加全面、细致的评估结果，为员工的个人发展提供更加准确的反馈。

然而，数字化绩效评估并非完美无缺，也存在一些局限性。例如，数据的安全性和隐私保护问题、系统设计的公正性问题等，都需要引起重视。因此，在实际应用中，需要根据公共部门的实际情况和员工的实际需求，选择适合的绩效评估方式，实现数字化绩效评估与传统绩效评估的优势互补。未来，随着技术的不断进步和应用经验的积累，相信这些问题也将得到有效解决。

（二）公共人力资源管理数字化绩效评估面临的挑战

1.隐私保护问题

在数字时代，隐私保护是一个至关重要的问题。公共人力资源管理中的绩效评估涉及员工的大量个人信息和敏感数据，一旦数据遭到泄露或滥用，将对员工的隐私权和组织声誉造成严重损害。因此，如何进行隐私保护成为数字化绩效评估面临的一大挑战。

为了应对这一挑战，公共部门需要采取一系列措施。首先，应建立完善的数据管理制度，明确数据的搜集、存储、使用和披露等方面的规定，确保数据的合法使用。其次，应采取数据加密和安全存储措施，防止数据被非法获取和篡改。此外，应定期对数据进行备份和恢复，以防止数据丢失。同时，还应增强员工的隐私保护意识，提高员工对个人隐私的重视程度。

2.评估指标的科学性与客观性

数字化绩效评估的核心是评估指标的设置与选取，如何科学、客观地设置评估指标是数字化绩效评估面临的一大挑战。评估指标的科学性和客观性直接关系到评估结果的准确性和公正性，因此必须高度重视。

为了确保评估指标的科学性和客观性，公共部门需要采取一系列措施。首先，评估指标的选取应基于岗位职责和工作要求，充分考虑不同岗位的差异性和共性。其次，评估指标应尽可能量化、具体化，减少主观判断的成分，以提高评估指标的客观性。再次，应定期对评估指标进行审查，以适应组织发展和工作变化的需要。最后，还应注重对评估数据的搜集、整理和分析，通过数据挖掘和机器学习等技术手段提高评估指标的科学性。

3.员工参与度与认同度的问题

在数字化绩效评估的过程中，员工的参与度和认同度是一个不可忽视的挑战。由于数字化绩效评估涉及员工的职务变动和薪酬待遇，员工对评估结果的公正性和准确性非常关注。如果员工对数字化绩效评估系统持有怀疑态度，认为系统不能客观、公正地评价自己的工作表现，或者对个人发展产生负面影响，他们可能会对评估产生抵触情绪，导致其参与度降低。

为了提高员工的参与度和认同度，公共部门需要采取一系列措施。首先，应加强与员工的沟通与交流，让他们了解数字化绩效评估的重要性和优势，增强其对系统的信任感和认同感。其次，应鼓励员工参与评估指标的制定和完善工作，让他们感受到自己的意见和需求被重视，从而提高其参与度和认同度。最后，应定期对数字化绩效评估系统进行审查，确保系统能够客观、公正地对员工的工作表现进行评价，同时关注员工的个人发展需求，提供有针对性的培训和发展机会。

4.跨部门协同与整合的问题

公共人力资源管理数字化绩效评估往往涉及多个部门和多方利益相关者，因此跨部门协同与整合成为评估过程的一大挑战。不同部门之间的职责、工作重点和资源分配可能存在差异，导致在实施数字化绩效评估时难以达成一致意见，影响评估的全面性和有效性。

为了应对跨部门协同与整合带来的挑战，公共部门要建立有效的沟通协调机制。首先，应明确各部门的职责和工作重点，确保评估工作的顺利推进。其次，应加强部门间的沟通和协作，共同制定评估指标和标准，确保评估的全面性和客观性。再次，应积极与利益相关者沟通协商，充分考虑其需求和利益，寻求共同点和平衡点。最后，还应建立有效的信息共享平台，促进部门间的信息交流和资源共享。积极应对跨部门协同与整合带来的挑战，可以更好地推进公共人力资源管理数字化绩效评估的实施。

二、公共人力资源管理数字化绩效评估的优势与优化策略

（一）公共人力资源管理数字化绩效评估的优势

1.提高评估效率，降低管理成本

数字化绩效评估系统通过数据化的方式对员工的工作表现进行全面、客观的评估，大大提高了评估的效率和评估结果的准确性。传统的绩效评估往往依赖人工操作，需要耗费大量时间和人力，而且容易受到人为因素的影响，导致评估结果不够客观、公正。数字化绩效评估系统可以自动处理大量的数据，减少人为因素的干扰，提高评估结果的准确性和公正性。此外，数字化绩效评估系统还可实现数据的长期存储和分析，为员工的个人发展提供更加准确的反馈。这不仅可以提高评估的效率，还可以降低管理成本，使公共部门能够更加高效地开展管理工作。

2.强化数据驱动决策，提高决策的科学性

数字化绩效评估系统能够提供全面、客观的数据支持，帮助管理层作出更加科学、合理的决策。通过数据分析和挖掘，管理层可以更加深入地了解员工的绩效表现和发展潜力，从而制订更加有针对性的发展计划和奖励方案。同时，数字化绩效评估系统还能帮助管理层发现组织中存在的问题和不足，及时调整战略、优化资源配置，提高组织的竞争力。

3.保证组织内部的公平与透明

数字化绩效评估系统通过具体的指标和数据进行评估，减少了人为因素的干扰，使得评估结果更加客观、公正。这种透明的评估方式能让员工更清楚地了解自己的工作表现，同时也让管理层更加清楚地了解员工的绩效情况和发展潜力。这有助于消除内部的不公平和歧视现象。

4.优化人力资源配置，提升组织效率

数字化绩效评估系统能帮助管理层更好地了解员工的个人特点和优势，从而更加合理地进行人力资源配置。通过对员工的绩效表现和发展潜力进行分析，管理层可以制订更有针对性的培训计划和职业发展规划，提高员工的个人发展水平和组织效率。同时，数字化绩效评估系统还能帮助管理层发现员工的潜力和特长，发掘优秀的人才资源，为组织的长期发展提供有力支持。

（二）公共人力资源管理数字化绩效评估的优化策略

1.建立健全数据安全与隐私保护机制

首先，应制定严格的数据管理制度，明确数据的搜集、存储、使用和披露等方面的规定，确保数据的合法合规使用。同时，应加强对数据安全与隐私保护的宣传，提高员工对个人信息的重视程度。

其次，应采取数据加密和安全存储措施，防止数据被非法获取或篡改。采用先进的数据加密技术和安全存储设备，确保数据在传输和存储过程中的安全。此外，应定期对数据进行备份和恢复，以防止数据丢失。

再次，应建立完善的权限管理和访问控制机制，对数据的访问和使用进行严格的控制和管理。根据岗位职责和工作需要，为不同的人员开放相应的数据访问权限，确保数据不被滥用或泄露。

最后，应加强数据安全与隐私保护，定期对数据进行审查和监测，及时发现和解决潜在的数据安全问题和隐私泄露问题。同时，应积极配合相关监管部门的检查和审计工作，确保数据安全与隐私保护工作的合法性和有效性。

2.设计科学合理的评估指标体系

评估指标体系是数字化绩效评估的核心,对评估结果的科学性和准确性具有决定性影响。因此,设计科学合理的评估指标体系至关重要。

首先,应基于岗位职责和工作要求选取评估指标,充分考虑不同岗位之间的差异性和共性。指标应具有针对性和可操作性,能客观反映员工的绩效表现和发展潜力。

其次,制定评估指标体系时应注重员工的参与度和认同感。在制定评估指标体系的过程中,应积极与员工沟通交流,充分听取他们的意见和建议。同时,在实施数字化绩效评估时,应加强宣传和教育,让员工充分了解评估指标体系的制定依据和实施要求,增强其对评估结果的认同感。

再次,评估指标体系应注重灵活性。随着组织的发展和外部环境的变化,评估指标体系应能够适时进行调整和优化,以适应组织变革和发展的需要。同时,评估指标体系的设计应具备可扩展性,为未来引入新的评估维度和指标预留空间。

最后,评估指标体系应注重平衡性。既要关注员工的工作结果,也要关注其工作过程;既要关注员工个人的绩效表现,也要关注团队的协同效应;既要关注定量指标,也要关注定性指标。多维度、多角度的评估有利于全面、准确地反映员工的绩效情况和发展潜力。

3.提高员工参与度,加强沟通与反馈

数字化绩效评估不仅是对员工工作的评价,更是组织与员工之间的一种互动和沟通。因此,提高员工的参与度,加强沟通与反馈,对于提升数字化绩效评估的效果至关重要。

首先,应鼓励员工参与评估指标的制定和修订过程。员工是评估的主体,其最了解自己的工作情况和发展需求。通过参与制定和修订指标,员工可以提出自己的意见和建议,增强对评估结果的认同感。同时,这也有助于确保评估指标的科学性和合理性。

其次，应加强评估过程中的沟通与反馈。在评估实施过程中，应及时向员工反馈评估结果和相关意见，帮助员工了解自己的工作表现和发展潜力。面对面的沟通、反馈和指导，可增强员工对组织的信任感和认同感，同时也有助于员工发现自己的不足之处，明确改进方向。

再次，应建立有效的反馈机制，让员工对数字化绩效评估系统提出意见和建议。员工的反馈是优化评估系统的宝贵资源，收集员工的反馈意见，有利于对系统进行持续改进和优化，增强其适用性和有效性。

最后，应关注员工的个人发展需求，提供有针对性的培训和发展机会。数字化绩效评估不仅是对员工的评价，更是对员工的激励。公共部门通过提供培训和发展机会，可帮助员工提升能力，增强其对组织的归属感和认同感。

4.加强跨部门协同合作，实现资源共享与整合

公共人力资源管理数字化绩效评估往往涉及多个部门和多方利益相关者，因此加强跨部门协同合作，实现资源共享与整合，是提升评估效果的重要途径。

首先，应建立跨部门协同合作机制。明确各部门的职责和工作重点，加强部门间的沟通和协作，共同制定评估指标和标准。跨部门的协同合作有利于整合各部门资源，形成合力，提高评估的全面性。同时，可避免重复工作和资源浪费，提高组织效率。

其次，应建立信息共享平台，打破部门间的信息壁垒，实现信息资源共享。借助信息共享平台，各部门可实时获取所需的数据和信息，提高评估结果的准确性和时效性。同时，建立信息共享平台可促进部门间的知识共享，提升整体绩效水平。

再次，应加强跨部门培训与交流。定期组织培训和交流活动，可促进部门间的人员互动。员工之间的交流、互动，可增进员工间的相互了解和信任，提高组织跨部门协同合作的能力。

最后，应建立跨部门绩效评估机制。将各部门绩效与整体绩效挂钩，这可促进各部门间的协同合作。制定跨部门绩效目标和奖励措施可激发各部门间的

合作动力，提升组织的整体绩效。

第四节　公共人力资源管理数字化与组织文化塑造

一、公共人力资源管理数字化对组织文化的挑战

（一）适应性与变革能力的挑战

传统的组织文化是在特定的历史、经济和社会背景下形成的，具有一定的稳定性和惯性。这种文化在过去的组织发展中可能起到了积极的推动作用，但在数字技术快速发展的今天，其局限性逐渐显现，给组织的适应性和变革能力带来了挑战。

一方面，传统的组织文化强调稳定和秩序，但在数字时代，环境变化快速，技术更新速度加快，要求组织具备快速适应变化的能力。传统的组织文化可能限制了组织的灵活性和创新性，使得组织难以跟上时代发展的步伐。另一方面，数字技术的发展对组织提出了更高的要求，需要组织具备变革和调整的能力。然而，传统的组织文化可能倾向于维持现状，从而限制了组织的发展。

为了应对这些挑战，公共部门需要审视并重塑自身的组织文化。首先，要营造开放和包容的文化氛围，接纳新思想、新技术和新方法。培养自身的变革意识，有利于打破思维定式，激发创新活力。其次，要增强自身的适应性，提高自身应对变化的能力。建立快速响应机制和灵活的组织结构，有利于组织迅速适应外部环境的变化。最后，要打造利于员工学习和成长的文化，使其不断

吸收新知识，提升组织的整体素质。

（二）沟通与协作方式的转变

在数字化浪潮的推动下，公共人力资源管理也面临着数字化变革的压力。而这一变革涉及技术变革，会给组织文化带来冲击。其中，传统的组织文化在沟通与协作方面的局限性显得尤为突出。

在传统的组织文化中，沟通往往依赖面对面的交流方式，协作则更多依赖线下会议、纸质文件等。但在数字时代，这些传统的沟通与协作方式已无法满足时代的需求。

数字技术为公共部门提供了更为便捷的实时沟通工具，如电子邮件、即时通讯软件、视频会议等。这些工具打破了时间和空间的限制，使得员工可以随时随地进行沟通和协作，大大提高了工作效率。然而，这种转变也带来了一些挑战。一方面，数字化的沟通方式可能导致信息过载，使得员工难以筛选和处理大量的信息；另一方面，数字化协作可能导致虚拟团队的出现，对员工的在线协作能力提出了更高的要求。

为了应对这些挑战，公共部门需要营造新型的文化氛围。一是打造开放和透明的沟通文化，促进信息的自由流通；二是建立有效的知识管理系统，帮助员工整理和利用信息；三是注重团队建设和协作文化的培养，提升员工的在线协作能力。

（三）跨文化管理的挑战与多元文化融合需求

随着全球化进程的加速，公共部门在人力资源管理方面面临着越来越多的挑战，这种趋势也给组织文化带来了冲击。

跨国合作使得不同国家和文化背景的员工有机会聚集在一起，共同完成某项任务或项目。这种合作模式能充分利用各种资源的优势，提高组织的效率和竞争力。然而，跨国合作也给跨文化交流带来了挑战。不同国家和文化之间的价值观、行为习惯、沟通方式等存在显著的差异，这些差异可能导致冲突。

为了应对这一挑战，公共部门需要营造一种开放、包容的文化氛围。首先，公共部门要尊重不同文化和背景的员工，鼓励他们分享自己的观点和经验。这有助于员工之间相互了解和信任，减少文化冲突。其次，公共部门应该提供跨文化培训和交流的机会，帮助员工适应不同的文化环境，提高他们的跨文化沟通和合作能力。最后，公共部门应建立健全的冲突解决机制，及时化解因文化差异而产生的矛盾。

此外，公共部门应倡导多元文化融合的理念，鼓励员工在保持自身文化特色的同时，积极融入组织文化。多元文化的融合能够帮助公共部门打造出更加丰富和有活力的组织文化，提升组织的创造力和竞争力。在公共人力资源管理中，面对来自不同国家和文化背景的员工，如何树立科学的共同价值观、提升团队凝聚力成为公共部门的一项重要挑战。

其中，共同价值观是组织文化的核心，能够促进员工间的相互认同和合作，增强组织的凝聚力。为了树立科学的共同价值观，公共部门需要从以下几个方面入手：

首先，明确并传播组织的使命和价值观。公共部门应明确自己的使命和价值观，并通过各种渠道向员工传达。这有助于员工了解组织的目标和价值观。

其次，加强团队建设与培训。公共部门应定期开展团队建设活动，加强员工之间的相互了解。通过团队培训，员工可学习如何与不同文化背景的人有效沟通和合作，增强团队的协作能力。

再次，注重员工参与和反馈。公共部门应创造一个开放、包容的环境，鼓励员工提出意见和建议。通过参与决策和提供反馈，员工能更好地融入组织，并对组织的价值观产生更深的理解。同时，构建激励机制也是关键。公共部门应设立明确的奖励制度，对那些践行和传播组织价值观的员工给予适当的奖励。这不仅可以激励员工更加积极地参与部门活动，还能进一步塑造公共部门的共同价值观。

最后，公共部门应持续关注员工的心理健康问题。在跨文化管理中，员工可能会面临文化冲击和心理压力。公共部门应提供必要的支持和辅导，帮助员工顺利适应新的工作环境。

二、公共人力资源管理数字化与组织文化的互动

（一）公共人力资源管理数字化对组织文化的影响

1.保证开放性和透明度，提高员工参与度

随着数字技术的广泛应用，公共人力资源管理逐渐向数字化转型。这一转型不仅改变了公共部门传统的管理模式，也对其组织文化产生了深远影响。

数字技术的运用使得公共部门内部的信息流通过程更加透明。传统的层级管理结构逐渐被扁平化的管理结构所取代，信息传递的中间环节减少，员工能更直接地获取与自己工作相关的信息。这种信息传递方式不仅提高了工作效率，还有利于营造组织内部的开放氛围。

数字技术的运用还为公共部门提供了一个展示自身文化的平台。通过内部网站、社交媒体等渠道，公共部门可以向员工展示自己的使命、价值观和理念。这种展示不仅有助于员工更好地了解公共部门的组织文化，还能使公共部门塑造一个开放、透明的形象。更重要的是，数字技术的运用提高了员工的参与度。数字化平台为员工提供了发声的机会，他们可以就组织的发展、管理等问题发表自己的意见和建议。这种参与机制有利于增强员工的归属感，使他们更加积极地参与到公共部门组织的各项活动中。

然而，人力资源管理数字化也给公共部门带来了一些挑战。例如，如何处理敏感信息，如何平衡不同意见等。因此，在推动人力资源管理数字化的过程中，公共部门要建立相应的规范机制，确保组织文化的健康发展。

2.强化创新与变革，培养适应性文化

数字技术为公共部门提供了前所未有的创新机会和动力。随着新技术的不断涌现和应用，公共部门需要不断地进行创新以适应市场的变化。数字技术使得信息的获取和传递更加便捷，这有助于激发员工的创新思维和灵感。公共部门应鼓励员工敢于尝试、勇于创新，充分利用数字技术为公共部门带来的发展机会。

人力资源管理数字化还促进了公共部门的变革。变革是组织发展的必然趋势，数字技术为公共部门的变革提供了技术支持。公共部门应积极拥抱变革，主动适应市场的变化，利用数字技术优化业务流程、提升管理效率。同时，公共部门应强调变革的重要性，培养员工的变革意识和能力，使其能够在变革中不断成长和进步。

为了适应数字时代的变化，公共部门需要打造一种适应性文化，鼓励员工不断学习新知识、掌握新技能，以应对外部环境的变化。公共部门应打造学习型文化，为员工提供持续培训和学习的机会，帮助员工不断提升自己的能力。同时，公共部门应鼓励员工敢于面对挑战、勇于承担责任，培养他们的应变能力和创新精神。

3.提升服务水平，打造服务至上的文化

在数字时代，公共部门面临着日益激烈的竞争，公众对服务质量的要求也越来越高。为了满足公众的需求，提升服务水平，公共部门需要打造一种服务至上的组织文化，而数字技术为公共部门实现这一目标提供了有力支持。

首先，数字技术提高了公共部门的服务效率。通过自动化、智能化的信息系统，公共部门可更快速地处理事务，减少公众的等待时间，提高服务响应速度。这不仅能为公众带来便利，还有利于改善公共部门的形象。

其次，数字技术提供了更多与公众互动的渠道。通过社交媒体、在线平台等渠道，公共部门可及时获取公众的反馈和建议，更好地了解公众的需求。这种互动有助于打造服务至上的文化，使公共部门更关注公众的需求，持续提高

服务质量。

最后，数字技术还有助于公共部门整合资源，提供个性化服务。通过数据分析、人工智能等技术，公共部门可对公众的需求和偏好进行深入挖掘，提供更加精准、个性化的服务。这种服务模式不仅有利于满足公众需求，还有利于进一步提高服务水平。

然而，打造服务至上的文化并非易事，需要做到以下几点：第一，公共部门需要转变观念，真正将公众放在首位，站在公众的角度思考问题；第二，建立有效的反馈机制和公众关系管理系统，确保公众的意见和建议得到及时处理；第三，加强员工培训，增强员工的服务意识，提高员工的服务能力，使他们能够更好地为公众服务。

（二）组织文化对公共人力资源管理数字化的影响

1.组织文化对公共人力资源管理数字化转型的推动作用

数字化转型是公共人力资源管理发展的必然趋势，而组织文化作为组织内部的一种价值观和行为准则，对这一转型过程具有重要影响。优秀的组织文化可以推动公共人力资源管理的数字化转型，加速数字化转型进程。

首先，开放和创新的组织文化能激发员工对公共人力资源管理数字化转型的热情和动力。在这样的文化氛围中，员工会更愿意尝试新的技术和工具，积极拥抱变革。这为公共人力资源管理的数字化转型营造了良好的内部环境，有助于加速数字技术的推广和应用。

其次，学习型组织文化能够促进员工不断学习和成长。在数字时代，技术和知识更新的速度非常快，员工需要不断学习才能跟上时代发展的步伐。打造学习型组织文化，能够激发员工的学习动力，丰富他们的技能，从而帮助他们更好地适应公共人力资源管理数字化转型的需求。

再次，服务至上的组织文化能够引导员工更好地应用数字技术为公众提供服务。这样的文化强调以公众为中心，追求卓越的服务质量。在公共人力资源管理数字化转型过程中,这种文化能帮助员工更好地运用新技术,提升服务水平和客户满意度。

最后,组织文化的规范和导向作用能为公共人力资源管理数字化转型提供指导。组织文化所倡导的价值观和行为准则,可以引导员工在数字化转型过程中作出正确的决策。这有助于确保公共人力资源管理的数字化转型符合组织的战略目标和发展方向。

然而,组织文化的建设并不是一蹴而就的,需要公共部门领导层的引导和支持,需要培训教育、激励机制等方面的配合。同时,在推动公共人力资源管理数字化转型过程中,公共部门要关注员工的适应性问题,确保转型工作顺利进行。

2.组织文化对公共人力资源管理数字化应用的限制作用

在公共人力资源管理中,组织文化是决定组织行为的重要因素,对数字化应用也会产生一定的影响。组织文化不仅影响着数字化应用的范围和方向,还在一定程度上影响着数字化应用的效果。

首先,组织文化决定了公共人力资源管理数字化应用的选择。例如,以效率为导向的组织文化可能会更倾向于选择能提高工作效率的数字化工具,而以服务为导向的组织文化则可能更注重数字化应用在改善服务方面的作用。因此,组织文化对数字化应用的选择起到了导向作用。

其次,组织文化影响组织对新技术的接受程度。有些组织可能受传统观念的影响,或出于对风险的担忧,对某些数字技术的应用持有保守态度,从而限制了数字技术的推广和应用。这可能会阻碍组织的创新发展,降低其适应市场变化的能力。

最后,组织文化还会影响员工在公共人力资源管理数字化转型过程中的参与程度。如果组织文化强调团队合作、信息共享和开放沟通,那么员工可能更容易接受数字化工具。相反,如果组织文化强调个人权威或层级关系,那么员工可能更倾向于传统的管理方式,在公共人力资源管理数字化转型过程中参与度不高。

为了更好地发挥数字技术在公共人力资源管理中的作用，公共部门需要审视自身的组织文化，确保它们与数字化应用的理念和发展方向一致。同时，公共部门还要加强宣传和培训，加深员工对数字化应用的理解，引导他们在工作中积极应用新技术和新方法。

（三）公共人力资源管理在组织文化塑造中的作用

1.引领变革，推动组织文化的创新与发展

在数字时代，公共人力资源管理在组织文化的塑造中发挥着重要作用。随着技术的快速发展和市场竞争的加剧，组织文化需要不断创新。公共部门可通过自身的专业能力，推动组织文化的创新发展，以应对数字时代的挑战。

首先，公共部门要具备敏锐的洞察力，及时掌握市场和技术的发展趋势，从而深入了解数字技术的应用潜力，将其与组织的战略目标和文化理念相结合，推动组织文化的创新。例如，公共部门可借助大数据、人工智能等数字技术，更好地了解员工的需求和行为模式，从而制定更符合员工需求的措施，促进组织文化的创新发展。

其次，公共部门要勇于打破传统观念的束缚，引领组织文化的变革。公共部门可与相关部门密切合作，共同推动组织文化的转型。在这一过程中，公共部门要充分发挥自己的专业能力优势，动员各方支持组织文化的变革，以解决变革过程中出现的各种问题。

最后，公共部门还要注重培养员工的创新意识和变革精神。公共部门可通过培训、教育和激励等手段，激发员工的创造力和积极性，让他们成为组织文化变革的推动者和参与者。同时，公共部门还要关注员工的心理变化，提供必要的辅导，帮助他们适应新的工作环境和行为模式。

为了更好地发挥公共人力资源管理在组织文化塑造中的作用，公共部门还要注意以下几点：第一，要不断提升员工的专业素养和能力，以应对数字时代

带来的挑战;第二,要加强与员工的沟通与互动,了解员工的真实想法和需求,确保制定的政策和措施能得到员工的认同;第三,要不断推动组织文化的创新发展,以适应不断变化的市场环境。

2.加强内部沟通,促进不同部门文化的融合

在数字时代,随着组织规模的不断扩大和业务范围的逐渐拓宽,不同部门之间的合作变得越来越重要。为了提高组织的效率,公共部门需要采取有效的措施,加强内部沟通,促进不同部门文化的融合。

首先,公共部门应当积极构建组织内部的沟通机制,提供有效的沟通渠道和沟通平台,确保信息能够在不同部门之间顺畅传递。这不仅可以减少信息不对称现象,提高工作效率,还有助于增进员工之间的相互了解,促进不同部门文化的交融。例如,广泛利用数字化工具如企业社交网络、即时通讯软件等,可加强员工之间的交流与合作,打破部门间的壁垒。

其次,公共部门应重视不同部门文化的差异,努力实现不同部门文化的和谐融合。不同部门在工作性质、职责范围和人员结构等方面存在差异,这些可能阻碍部门之间的合作。为了实现不同部门文化的和谐融合,公共部门要深入了解各部门文化的特点,寻找共通之处,推动它们的融合。公共部门可组织跨部门的培训、交流活动,增进员工对其他部门的了解,逐步形成共同的价值观。

最后,公共部门还要关注员工的需求和意见,及时了解他们在跨部门合作中遇到的困难和挑战。公共部门可定期与员工进行沟通,以发现潜在的问题,并采取相应的措施加以解决。同时,公共部门还要鼓励员工积极参与跨部门合作项目,培养他们的团队合作精神和沟通能力。

为了更好地发挥公共人力资源管理在内部沟通和不同部门文化融合中的作用,公共部门还要注意以下两点:第一,积极促进各部门间的合作与交流,提高员工跨部门协调和沟通的能力;第二,要关注员工的需求和意见,及时了解员工在跨部门合作中遇到的困难,提供必要的支持和帮助。

3.通过激励与培训，形成符合组织文化的行为模式

激励与培训是员工形成符合组织文化的行为模式的重要手段。

首先，激励机制的建立对培养员工的行为模式至关重要。在数字时代，信息传递更为快速，这为建立公正、透明的激励机制提供了可能。通过建立合理的绩效评估机制和奖励机制，公共部门可引导员工形成符合组织文化的行为模式。例如，对于那些在数字化转型中表现积极的员工给予适当的奖励，可激发其他员工的积极性和创造力。

其次，培训和教育在培养员工行为模式中起到关键作用。数字技术的快速发展要求员工不断更新知识和技能。公共部门要制订有针对性的培训计划，帮助员工提升数字化应用能力，同时增强他们对组织文化的认同感。通过培训，公共部门可让员工更好地理解和接受组织文化，并在实际工作中践行这种文化理念。此外，培训还可加强员工之间的交流合作，进一步促进组织文化的传播。

要充分发挥激励与培训在组织文化塑造中的作用，公共部门还需要注意以下几点：第一，建立的激励机制要充分考虑员工的实际需求和期望，确保激励措施能够真正激发员工的积极性和创造力；第二，培训计划要与组织的战略目标和文化理念保持一致，确保培训内容能有效地传递组织文化的价值观；第三，要关注员工在数字化转型过程中的心理变化，提供必要的辅导，帮助员工适应新的工作环境和工作方式。

第五节 公共人力资源管理数字化与公共部门创新

一、公共人力资源管理数字化对公共部门创新的影响

随着数字技术的迅猛发展，公共人力资源管理也面临着前所未有的挑战。数字技术的应用不仅改变了公共部门的管理模式和运营方式，更在深层次上对公共部门的创新产生了深远影响。以下将从多个角度探讨公共人力资源管理数字化对公共部门创新的影响。

首先，数字技术为公共部门提供了更高效的人力资源管理工具。传统的公共人力资源管理往往依赖手工操作，流程烦琐、效率低下，且容易出错。而数字技术的应用，使得人力资源数据的管理和分析更为精确和快速，大大提高了管理效率。这为公共部门创新提供了强大的技术支持，使得公共部门能够更加灵活地应对市场变化和公众需求。

其次，数字技术的应用有利于公共部门的人才队伍建设。数字技术不仅改变了传统的工作模式，还对员工的技能提出了新的要求。为了适应这种变化，公共部门要不断更新员工的技能和知识，培养数字化人才。公共部门可借助数字化平台，更加便捷地进行在线培训、远程教育，从而组建一支具备创新思维和专业技能的人才队伍。

最后，数字技术的应用推动了公共部门的组织文化变革。传统的公共部门人力资源管理通常强调等级制度、规章制度和专业化分工；在数字时代，公共部门人力资源管理更强调开放、透明和创新。通过数字技术，公共部门可以更好地了解员工的需求和期望，加强内部沟通，打破信息壁垒。这有助于打造一种鼓励创新、开放包容的组织文化，激发员工的创造力。

二、公共人力资源管理数字化背景下的公共部门创新路径

(一)跨界合作

在数字时代,跨界合作已成为推动创新的重要途径。公共人力资源管理数字化为公共部门提供了更广阔的视野和资源整合的平台,使得跨界合作成为可能。通过跨界合作,公共部门可拓展创新思维,整合外部资源,推动组织的持续创新。

首先,跨界合作有助于拓展创新思维。传统公共人力资源管理模式下,公共部门往往局限于固有的工作方式,难以突破固有框架。而跨界合作能够引入其他领域的先进理念和经验,为公共部门带来启示。通过与不同领域的企业、社会组织、学术机构等进行合作,公共部门可获得各种创新思维和方法,激发自身的创新潜力。

其次,跨界合作有助于整合外部资源。在数字时代,资源的获取和利用方式发生了深刻变化。公共部门通过跨界合作,可以充分利用外部资源来弥补自身的不足,实现资源的高效配置。例如,与科技企业合作推动技术创新,与教育机构合作培养人才,与金融机构合作获得资金支持等。这种资源整合方式不仅有助于提升公共部门的创新能力,还能推动整个社会的协同发展。

为了更好地开展跨界合作,公共部门需要采取一系列措施。第一,要树立合作意识,积极寻求与其他领域部门的合作。第二,要建立合作机制,确保合作的顺利进行。例如,可成立跨界合作委员会或联盟,定期举办交流活动,加强各方的沟通与合作。第三,还要建立有效的资源整合机制,确保外部资源得到有效利用和整合。

需要注意的是,跨界合作也带来了一些问题。例如,合作过程中可能会出现文化冲突、利益分配不均等问题。因此,公共部门在开展跨界合作时,要充

分考虑各种因素，制定有效的应对策略。同时，还要加强合作过程中的沟通与协调，确保合作顺利进行。

（二）为员工赋能

在数字时代，为员工赋能已成为激发组织创新力的关键。公共人力资源管理数字化为公共部门提供有力支持，通过释放个体潜能、打造创新文化为员工赋能，从而推动公共部门的持续创新。

首先，数字技术使员工拥有更多自主权。传统的公共部门组织结构往往层级分明，员工在工作中受到较多的限制。而数字技术打破了这种限制，使得员工能自主地开展工作。借助数字化平台，员工可以获取更多的信息和资源，更好地发挥自己的专业能力和创造力。这种自主权有利于激发员工的积极性和主动性，为公共部门的创新发展提供源源不断的动力。

其次，数字技术为员工提供了个性化的学习方式。数字时代带来了海量的信息和知识，为员工提供了广阔的学习空间。公共部门可通过数字化平台进行在线培训，为员工提供学习资源，对其职业发展规划进行指导，促进员工的个人成长，提升其创新能力。这种个性化的学习方式有助于培养员工的自主学习意识和创新意识，推动组织的创新发展。

最后，数字技术还有助于打造创新文化。借助数字化平台和社交媒体，公共部门可加强内部沟通，打破信息壁垒，促进跨部门合作。这种开放、透明的沟通氛围有助于形成鼓励创新、开放包容的组织文化。在数字技术的支持下，公共部门可举办各种创新竞赛、创意征集活动等，激发员工的创新热情。这些活动不仅有利于挖掘员工的创新潜力，还能为组织带来新的创意。

为了更好地为员工赋能，公共部门需要采取一系列措施。第一，要建立完善的数字化培训体系，培养员工的数字素养，提高员工的技能水平。第二，要鼓励员工积极参与数字化项目和活动，为其提供更多的实践机会和展示平台。第三，还要建立有效的激励机制，认可员工的创新成果并给予适当的奖励，从而激发员工的创新热情。

（三）提高组织的敏捷性

在数字时代，组织的敏捷性已经成为公共部门应对市场变化和提升竞争力的关键。公共人力资源管理数字化有利于提高组织的敏捷性，帮助公共部门快速响应变化，提升组织的创新能力。

首先，数字技术能为公共部门提供最新的数据和信息，使得公共部门能及时了解外部环境的变化。通过数据分析，公共部门可迅速识别市场趋势、公共需求和竞争态势，为决策提供有力支持。这种实时响应能力使得公共部门能快速调整战略部署，抓住市场机遇。

其次，数字技术能促进公共部门内部的快速沟通与协作。传统的公共部门组织结构往往存在信息传递缓慢、部门间沟通不畅等问题。而数字技术的应用，实现了信息的快速传递和跨部门的协作。借助数字化平台，员工可随时随地进行沟通和协作，提高了工作效率。这种高效的组织运作方式有助于公共部门应对突发情况，快速地响应市场变化。

最后，数字技术还为公共部门提供了更多创新机会。在数字时代，各种新技术、新方法和新模式的涌现，为公共部门提供了更大的创新空间。通过与科技企业、研究机构等合作，公共部门可引入先进的科技理念和创新理念，推动自身的创新发展。同时，数字技术的应用还能促进员工之间的交流与合作，使他们产生更多的新想法。

为了提高组织的敏捷性，公共部门需要采取一系列措施。第一，要建立科学的组织结构和能快速响应的决策机制，确保组织能够快速响应市场变化。第二，要加强内部沟通与协作，打破信息壁垒，促进跨部门的合作。第三，要建立有效的创新机制，鼓励员工提出新的想法和解决方案，推动组织的持续创新。第四，要充分考虑各种因素，制定有效的应对策略。同时，还要加强组织文化建设，培养员工的创新意识。

第六节 公共人力资源管理数字化与政府治理现代化

一、公共人力资源管理数字化在政府治理现代化中的作用

随着科技的飞速发展和数字时代的来临，公共人力资源管理正经历着一场深刻的变革。数字技术在公共部门的应用不仅提升了政府的工作效率，更在推动政府治理现代化方面发挥着不可替代的作用。

首先，公共人力资源管理数字化有助于提高政府决策的科学性和准确性。在数字时代，数字技术为政府带来了大量的数据资源。通过数据挖掘和分析，政府可以更加准确地了解社会和经济发展状况，预测未来的趋势和挑战。这使得政府决策能更加贴近实际，减少主观臆断和经验主义的影响，从而提高决策的科学性和准确性。

其次，公共人力资源管理数字化有助于提升公共服务的质量和效率。数字技术改变了传统的公共服务方式，使得公共服务更加便捷、快速和个性化。例如，电子政务的发展使得公众可以随时随地在线办理多种业务，无须亲自到场。这大大节省了公众的时间和精力，也减轻了公共部门的工作压力。同时，数字技术的应用还使得公共服务可以更好地满足不同群体的需求，实现精准服务。

再次，公共人力资源管理数字化有助于加强政府与公众之间的互动和沟通。数字技术为政府和公众提供了一个全新的互动平台。公众可以通过互动平台表达自己的意见和建议，与政府进行实时互动。这不仅加强了公众对政府工作的监督，也使得政府能够更好地了解公众的需求和期望，从而改进工作方式

和服务内容。

最后，公共人力资源管理数字化是推动政府治理现代化的重要手段。数字技术为政府治理带来了新的理念和方法，有利于政府实现组织结构的优化、管理模式的创新和工作流程的再造。这使得政府能够更好地适应时代发展的要求，提高治理效能，实现治理的现代化。

二、公共人力资源管理数字化给政府治理现代化带来的挑战

（一）数字鸿沟问题

数字鸿沟是指不同群体在获取、使用和掌握数字技术方面的差距，导致他们在社会参与和发展机会上的不平等。要想实现政府治理现代化，必须关注数字鸿沟问题，并采取有效的措施来解决这个问题。

首先，政府应加大对弱势群体的数字技术培训力度。针对老年人、残疾人等弱势群体，提供有针对性的数字技术培训课程，提高他们对数字技术的应用能力。同时，应提高数字技术教育在基础教育和职业教育中的比重，从源头上提高公众的数字素养。

其次，政府应完善数字化基础设施，加强农村和偏远地区的网络基础设施建设，提高网络覆盖率和接入速度。政府应推进公共服务的数字化升级，提供更加便捷、高效的数字化服务，满足不同群体的需求。同时，政府应关注数字化服务的公平性和可及性，确保弱势群体能够公平地享受数字化服务。

再次，政府应鼓励企业和社会组织参与政府治理现代化行动。政府可通过政策引导和资金支持，鼓励企业和社会组织开展数字技术培训、基础设施建设和公共服务创新等活动，推动政府治理现代化。同时，政府应加强与企业、社

会的合作，共同探索适合不同群体的数字解决方案，推动数字技术在社会公益事业中的应用。

最后，政府还应加强国际合作，从多个方面入手，如与其他国家共同制定和推广全球性的数字包容政策、加强跨境数据流动的合作等，全面解决数字鸿沟问题。这不仅有助于推动全球数字经济的发展和社会的进步，也有助于构建人类命运共同体，实现全球范围内的可持续发展。

（二）数字治理伦理问题

随着公共人力资源管理数字化的深入推进，数字治理伦理问题日益突出。数字治理伦理涉及个人隐私、数据安全、数字鸿沟、算法公正等内容，会直接影响政府的公信力和治理的有效性。为了实现负责任的数字治理，政府需要建立规范框架。

首先，政府应制定和完善数字治理伦理的法规和政策。政府应明确数据搜集、使用、共享和存储等方面的伦理标准和行为准则，规范数字技术在公共领域的应用。同时，政府应加强对数字治理伦理的监管和评估，确保相关法规和政策得到落实。对于违反伦理规定的行为，政府应依法予以惩处，以形成有效的威慑力。

其次，政府应建立数字治理的伦理约束机制。政府应鼓励企业和组织制定内部数字治理的伦理规章制度，明确数据使用和算法决策的原则和程序。同时，政府应加强社会监督，鼓励公众监督数字治理的伦理约束机制的运行过程，提高数字治理的透明度。伦理约束机制的建立，有利于行业内部形成自我约束和规范，更好地实现政府治理现代化。

再次，政府应加强数字治理的相关伦理教育和培训，加深公众对数字治理伦理的认识和理解，增强公众的数字意识和信息意识。政府可通过教育和培训，培养公众的责任感，推动社会共同参与数字治理伦理的建设。同时，政府应加强对政府官员和企业相关人员的培训，提高他们的数字治理能力。

最后，政府还应积极参与国际上有关数字治理伦理的合作与交流。在全球化的背景下，数字治理伦理问题具有普遍性和共同性。政府可通过国际合作与交流，共同探讨数字治理的伦理标准和原则，分享实践经验和教训。积极参与国际合作，有利于全球数字治理伦理的发展与完善。

（三）跨部门协同问题

在公共人力资源管理数字化的过程中，跨部门协同是一大挑战。由于政府部门间存在信息壁垒，加之资源分散，导致重复建设的问题突出，制约了政府治理效能的提升。为了实现政府治理现代化，必须加强跨部门协同，实现资源共享。

首先，政府应建立跨部门的信息共享平台。政府可搭建统一的信息平台，促进不同部门之间的信息交流与共享；制定统一的数据标准和技术规范，确保信息的互通互联。同时，政府应制定数据安全保障措施，确保信息共享安全、可控。

其次，政府应推动跨部门的业务流程整合。政府可优化和整合各部门业务流程，打破部门间的行政壁垒。整合业务流程，有利于实现政府部门间的协同办公，提高行政效率。同时，政府应加强跨部门合作机制的建设，促进部门间的沟通与协作。

再次，政府应加强跨部门的资源整合与共享。政府可整合各部门资源，实现人力资源、技术资源、信息资源等各方面的共享。资源整合与共享，有利于提高政府整体管理效率，减少重复建设和资源浪费现象。同时，政府应建立资源共享的激励机制，鼓励各部门积极参与资源共享。

最后，政府还应建立跨部门的绩效评估体系。政府可采用科学合理的绩效评估指标和方法，对各部门的协同工作进行全面、客观的评估。通过绩效评估，政府可发现跨部门协同中存在的不足之处，及时进行调整。同时，政府应将绩效评估结果作为资源配置和干部选拔的重要依据，鼓励各部门积极参与跨部门协作。

三、公共人力资源管理数字化促进政府治理现代化的路径

（一）提高政府服务效率

数字技术在公共人力资源管理中的应用，能显著提高政府的服务效率，优化政务流程。通过利用数字技术，政府可简化烦琐的办事流程，提高服务响应速度，降低行政成本，为公众提供更加高效、便捷的服务。

首先，数字技术能够实现政务流程的自动化和智能化。传统的政务流程往往需要人工操作，不仅效率低下，还容易出错。数字技术可以将这些流程转化为自动化操作，大大提高了处理速度和准确性。例如，电子政务系统可以实现信息的自动录入、数据的自动处理和结果的自动输出，减少了人工干预，提高了工作效率。

其次，数字技术能消除"信息孤岛"现象，实现信息共享。政府各部门之间往往存在信息壁垒，导致重复工作和资源浪费现象。数字技术能将各部门的信息整合到一个平台上，实现信息的实时共享和交换。这不仅能避免信息重复采集和处理，还能提高政府各部门的协同效率。

（二）增强政府决策科学性

在数字时代，数据分析在政府决策中扮演着越来越重要的角色。通过搜集和分析大量数据，政府可以更加准确地了解社会、经济和政治状况，预测未来的发展趋势，从而制定更加科学、合理的政策。同时，数据分析还可对政策实施效果进行评估，为政策调整和优化提供依据。

首先,数据分析可以帮助政府更好地了解社会需求和问题。通过分析大数据,政府可发现社会中存在的各种问题和矛盾,了解不同群体的需求。这有助于政府更加精准地识别问题的本质,为编制解决方案提供更加科学、可靠的数据支持。

其次,数据分析可为政策制定提供更加准确的预测和决策支持。政府在制定政策时,需要对未来的趋势和挑战进行预测和评估。数据分析可通过模型和算法,对各种可能出现的情景进行模拟和预测,帮助政府制定更加科学、合理的政策。同时,数据分析还可为政策制定提供更加全面、准确的数据支持,避免决策的主观性和盲目性。

再次,数据分析可对政策实施效果进行科学评估。政策实施后,政府需要对其效果进行评估。借助数据分析,政府可对各种指标进行量化分析和比较,对政策实施效果进行科学评估。这有助于政府及时发现政策中存在的问题并及时进行调整,提高政策的有效性和针对性。

最后,数据分析还可促进政府与公众之间的互动和沟通。通过数据分析,政府可更好地了解公众的需求和期望,发现社会中的热点和难点问题。这有助于政府与公众之间建立更加紧密的联系,有助于政府的决策更符合公众的意愿,从而增强决策的科学性。

(三)提升政务透明度

政务透明度是衡量一个国家民主程度的重要指标,也是政府治理现代化的重要标志之一。数字技术的运用,为提升政务透明度提供了有力支持,信息公开和数据共享,有助于强化社会监督,推动政务的透明化、民主化和科学化。

首先,数字技术为信息公开提供了便捷的渠道。传统的信息公开方式往往是被动、滞后的,而数字技术可以实现信息的实时更新与发布。政府机构可通过官方网站、社交媒体等平台,主动发布政策文件、工作报告、财务数据等重要信息,使公众能够及时了解政府的工作动态。此外,数字技术还使得信息公开更加全面、准确,减少了信息被隐瞒、篡改的可能性。

其次,数据共享是提升政务透明度的关键。政府各部门掌握着大量的数据,但往往会因数据壁垒而导致"信息孤岛"现象。借助数字技术,政府可实现数据的整合,消除部门间的信息隔阂。这样,公众可以更加方便地获取政府各部门的数据,全方位地了解与监督政府工作。同时,数据共享还有助于提高政府工作效率,减少重复劳动和资源浪费现象。

再次,数字技术强化了社会监督的力量。在数字时代,公众可以通过网络平台对政府工作进行实时监督,发现问题后及时提出建议。这种社会监督方式具有匿名性、便捷性和广泛性等特点,使得公众能更勇敢地维护自己的权益。同时,数字技术也为媒体监督提供了便利,媒体可更加方便地获取信息、调查事实,对政府不作为或违法行为进行曝光。

最后,数字技术还有助于加强国际交流与合作。在全球化背景下,各国政府都在努力提高政务透明度,以树立良好的国际形象、吸引投资、加强国际合作。数字技术为各国政府提供了一个交流学习的平台,各国可以相互借鉴、分享经验,共同提升政务透明度。

(四)促进多元主体参与

在数字时代,政府治理逐渐向多元化的方向转变。数字技术为多元主体参与政府治理提供了平台和工具,促进了多元主体与政府之间的互动与合作。

首先,数字技术为公众参与政府治理提供了便利。传统的公众参与方式往往受到时间、地点和形式的限制,而数字技术打破了这些限制。通过电子政务平台,公众可随时随地参与政府决策,表达自己的意见和建议。这不仅提高了公众的参与度,还使得政府能充分地了解民意,制定更加符合民众需求的政策。

其次,数字技术为企业和社会组织参与政府治理提供了机会。企业和社会组织是社会发展的重要力量,数字技术为它们与政府之间的沟通与合作提供了平台。企业可通过数字化平台了解政府的产业政策、投资环境等方面信息,从而制定更加科学的发展战略。社会组织则可通过数字化平台与政府合作开展社会公益项目，共同推动社会进步。

再次，数字技术有助于不同主体之间的合作。在政府治理中，不同主体之间往往存在着利益冲突和矛盾，而数字技术为解决这些问题提供了新的思路。通过数字化平台，不同主体可更加方便地进行沟通与协商，寻找利益的平衡点，实现共赢。这有助于减少社会矛盾和冲突，推进和谐社会建设。

最后，数字技术还有助于增强政府的服务意识。在多元主体参与政府治理的背景下，政府要更加注重民众的诉求，提高服务质量和效率。数字技术为政府提供了与民众互动的机会，通过实时反馈和互动，政府可及时了解民众的需求，不断改进服务质量。

（五）强化政府内部管理

政府内部管理的效能直接影响到政府治理的整体水平。在数字时代，数字化工具的应用对政府内部管理提出了新的要求，也为提升组织效能提供了有力支持。

第一，数字化工具有助于提高政府内部沟通效率。传统的政府内部沟通效率低下，而数字化工具如即时通讯软件、电子邮件等，可以实现信息的快速传递和实时交流。这大大减少了信息传递的时间和误差，提高了沟通效率，有助于政府各部门之间的合作。

第二，数字化工具有助于优化人力资源管理。人力资源是政府内部最重要的资源之一，数字化工具的应用使得人力资源管理工作更加高效。通过电子化的人力资源管理系统，公共部门可以实现员工信息管理、绩效评估、培训与发展等工作的自动化和智能化。这不仅减轻了人力资源管理人员的工作负担，还提高了人力资源管理的准确性和客观性。

第三，数字化工具有助于提高决策的科学性和民主性。数字化工具为政府决策提供了更加全面、准确的数据支持。通过数据分析，政府可以更加清楚地了解内部和外部环境，预测未来的发展趋势。这有助于政府制定更加科学、合理的决策，减少主观臆断和经验主义的影响。同时，数字化工具也为政府内部民主决策提供了平台，内部工作人员可以更加方便地参与决策过程，提出自己的意见和建议。

第四，数字化工具有助于政府加强内部监督和风险管理。数字化工具可对政府内部的工作流程进行实时监控和记录，为监督和评估工作提供更加全面、准确的数据支持。通过数据分析，政府可及时发现内部管理中的不足之处，及时进行调整和改进。同时，数字化工具还有助于政府进行风险评估和管理，减少内部的腐败和违规行为。

第五，数字化工具还有助于改善政府形象，提高公共服务质量和效率。数字化工具的应用可以改善政府的形象，增强政府的公信力。同时，数字化工具也可以应用于公共服务领域，如在线办理业务、智能客服等，这有助于提高公共服务的质量和效率，满足民众的需求。

参 考 文 献

[1] 鲍立刚，鲍子吟.突发公共卫生事件视域下人力资源管理专业情境实训教学探讨[J].高教学刊，2022，8（27）：19-22.

[2] 陈鼎祥，刘帮成.人工智能时代的公共部门人力资源管理：实践应用与理论研究[J].公共管理与政策评论，2022，11（4）：38-51.

[3] 陈雅卿.突发重大公共卫生事件下社区卫生服务中心人力资源应急管理策略探讨[J].活力，2023，41（18）：138-140.

[4] 曹秀华.人力资源管理与公共部门人力资源管理关系研究[J].中文科技期刊数据库(全文版)经济管理，2022（8）：104-106.

[5] 崔元，索柏民.数字经济下公共人力资源管理的不足与优化[J].人力资源，2023（18）：41-43.

[6] 杜元正，刘畅，王逢宝.城市公共汽电车客运行业人力资源管理政策浅析[J].城市公共交通，2022（7）：39-43.

[7] 杜悦.公共资源交易机构人力资源需求与管理指标体系构建[J].人才资源开发，2023（9）：69-71.

[8] 付文佳.突发公共卫生事件应急型人力资源管理对策探析[J].黑龙江人力资源和社会保障，2022（16）：25-27.

[9] 高艳红，侯杰.合理"增负"背景下"公共部门人力资源管理"课程对分课堂教学模式探究[J].黑龙江教育（理论与实践），2023（8）：47-49.

[10] 龚灿.公共管理与企业人力资源管理激励机制的对比研究[J].产业创新研究，2022（15）：169-171.

[11] 郭富城.公共部门人力资源管理激励机制研究[J].河北企业，2023（3）：123-125.

[12] 郝小丽.公共管理背景下事业单位人力资源管理问题分析[J].今日财富，2022（11）：151-153.

[13] 郝玉明.新时代中国特色公务员管理创新研究：基于国外近十年改革的述评[J].新视野，2022（6）：121-128.

[14] 姜淳译.公共就业服务中的人力资源管理探究[J].商讯，2023（1）：175-178.

[15] 康曦.成都市金牛区就业见习政策执行研究[D].成都：电子科技大学，2022.

[16] 雷梅.课程思政融入混合式教学全过程的探索：以"公共部门人力资源管理"课程为例[J].教育教学论坛，2023（28）：18-21.

[17] 李彩云.以问题为导向的机关事业单位人力资源管理途径分析[J].商讯，2023（14）：183-186.

[18] 李惠芳.浅谈事业单位人力资源公共服务标准化建设策略[J].中国产经，2023（21）：173-175.

[19] 李珂瑶.公共部门人力资源管理探讨[J].合作经济与科技，2022（24）：94-96.

[20] 李绍恒.浅议数字化时代公共部门人力资源管理[J].山东人力资源和社会保障，2023（10）：28-29.

[21] 林炽婷.破解公共部门人力资源管理难题[J].人力资源，2023（4）：138-140.

[22] 林金瑞.法人治理背景下公共图书馆员工工作绩效研究[J].河南图书馆学刊，2023，43（12）：19-21.

[23] 刘犇.人力资源管理的创新策略一二三[J].今日财富（中国知识产权），2023（3）：137-139.

[24] 刘伯龙，宋瑛璐.数智时代公共部门人力资源管理复合型人才培养策略研究：以公共事业管理专业为例[J].科教文汇，2023（6）：59-62.

[25] 卢安琪.中国民主同盟 C 市委员会人才队伍建设研究[D].长沙：湖南大学，2022.

[26] 罗彧昭.大数据技术在公共部门人力资源管理中的应用[J].合作经济与科技，2023（22）：129-131.

[27] 邵亚明.L 市数字医疗公共服务平台建设项目人力资源调度管理优化[D].昆明：昆明理工大学，2023.

[28] 沈炎冰.浅谈公立医院人力资源管理的新路径[J].财经界，2023（15）：168-170.

[29] 时丹丹，吴晓.公共部门人力资源管理文献综述与可视化分析[J].统计与咨询，2022（6）：14-17.

[30] 孙琦琦，李永康.工作压力对公务员离职意愿的影响：职业倦怠的中介作用与组织支持感的调节作用[J].中国人事科学，2023（8）：15-26.

[31] 田丽丽.基于期望理论的公共部门人力资源管理激励机制研究[J].老字号品牌营销，2022（13）：148-150.

[32] 王红霞.公共部门如何推进人力资源管理外包[J].服务外包，2022（11）：44-46.

[33] 王怀兴，董静.公共人力资源管理专题研究线上线下混合式教学改革研究[J].大学，2022（14）：58-61.

[34] 王娟.公共卫生事件背景下阿特拉斯公司的绩效管理优化研究[D].青岛：青岛大学，2022.

[35] 王凯丽.人力资源视角下公共图书馆志愿者管理的实践与探讨[J].图书馆研究与工作，2022（8）：65-69.

[36] 王琦.变革公共部门人力资源管理[J].人力资源，2023（6）：158-159.

[37] 王琼.公共部门人力资源管理外包问题研究[J].商业观察，2022（16）：85-88.

[38] 王思栋.激励机制在医院公共卫生人力资源管理中的作用探究[J].商讯，

2023（23）：175-178.

[39] 王松. 人力资源管理中公共关系的作用探讨[J]. 国际公关，2022（19）：28-30.

[40] 王秀红. 省直机关对抽调人员的管理问题研究：以S省A单位为例[D]. 济南：山东大学，2022.

[41] 王雨寒. 公共部门人力资源管理数字化转型[J]. 人力资源，2022（14）：148-150.

[42] 吴琼. J省供销社系统人力资源管理研究[D]. 长春：吉林大学，2022.

[43] 武捷. 探析公共部门人力资源工作中职称管理的意义及对策[J]. 经济师，2023（7）：261-262＋264.

[44] 鲜明龙. 新公共管理视角下的公共部门人力资源管理初探[J]. 四川劳动保障，2023（3）：68-69.

[45] 徐娜. 系统观视角破解人资管理难题[J]. 人力资源，2023（12）：102-103.

[46] 徐琪. 公共图书馆志愿服务运行与管理研究：基于人力资源管理视角[J]. 办公室业务，2023（8）：155-156＋162.

[47] 薛歌. 基层税务机关公务员借调研究：以J市K区税务局为例[D]. 济南：山东大学，2023.

[48] 闫雪婷. 政府部门编外人员管理问题及对策研究：以W区为例[D]. 芜湖：安徽工程大学，2022.

[49] 严丹，吴丽君，沈舒熳. 对分课堂教学模式创新研究：以公共部门人力资源管理课程为例[J]. 科教文汇，2022（18）：65-68.

[50] 颜雨贞. 公共部门人力资源管理激励机制探究[J]. 营销界，2023（2）：134-136.

[51] 杨波. 探析公共管理部门中的人力资源管理[J]. 人才资源开发，2023（12）：59-61.

[52] 杨春发. 基层公共资源交易平台人力资源管理激励机制研究[J]. 质量与

市场，2023（18）：139-141.

[53] 杨华清.公共部门如何提高人力资源管理与开发水平[J].中国商界，2023（6）：176-178.

[54] 杨华清.基于大数据的公共组织人力资源管理创新路径[J].人才资源开发，2023（12）：50-52.

[55] 杨清华.场域理论下公共部门人力资源管理优化策略[J].天津中德应用技术大学学报，2023（6）：32-37.

[56] 叶媛.优化公共就业与人力资源管理问题[J].人力资源，2023（16）：80-81.

[57] 叶战备，吕承文.公共管理学[M].南京：南京大学出版社：2022.

[58] 易明君.基于胜任力模型的昆明市呈贡区市场监管局执法人员人岗适配研究[D].昆明：云南财经大学，2023.

[59] 游素静.新公共管理视角下我国事业单位人力资源管理研究[J].商业2.0，2023（30）：110-112.

[60] 张继匀.济南市L区行政审批服务局人力资源管理外包问题研究[D].济南：山东大学，2022.

[61] 张龙伟."双一流"高校行政管理人员绩效考核现状及对策研究：以Z大学为例[D].长沙：湖南中医药大学，2023.

[62] 周雯.新疆开放大学一体化在线学习平台课程数字化教学资源建设实践探究：以公共部门人力资源管理课程为例[J].创新创业理论研究与实践，2023，6（22）：78-81.